Heino Kok

Steinerne Zeugnisse

Schrifttafel am Nüttermoorer Siel (Foto Heino Kok 2008)

Auf den Spuren der Familien Thedinga und Kok
beim Kloster Thedinga und in Nüttermoor

Impressum

Bibliografische Information der Deutschen Nationalbibliothek:
Die Deutsche Nationalbibliothek verzeichnet diese Publikation in der Deutschen Nationalbibliografie; detaillierte bibliografische Daten sind im Internet über http://dnb.dnb.de abrufbar.

© 2022-2024 Heino Kok

3. leicht verbesserte Auflage 2024

Layout und Gestaltung: Heino Kok

Korrektorat: Arnhild Lehmbecker-Kok

Herstellung und Verlag: BoD – Books on Demand, Norderstedt

ISBN: 9783756862825

INHALT

EINLEITUNG

Als ich vor ca. 15 Jahren anfing, mich für meine Familiengeschichte zu interessieren, hatte ich kaum eine Vorstellung über meine familiären Wurzeln in Ostfriesland. Meine Eltern waren schon verstorben und ich konnte sie nicht befragen. Aber meine Mutter hatte einiges aufbewahrt, darunter befanden sich Zeitungsartikel, Fotoalben, ein Tagebuch eines verstorbenen Onkels, sowie Urkunden und Dokumente meines Vaters. Vieles von dem habe ich dank des herzhaften Eingreifens meiner Frau behalten und nicht entsorgt. Inzwischen habe ich diverse Schriften über meine Wurzeln in Ostfriesland veröffentlicht. Diesen Teil meiner Arbeit, den ich hier als kleines Buch erstellt habe, bisher aber nur teilweise innerhalb der Familie Kok.

Auslöser meiner Forschungen über die beiden Familien Kok und Thedinga in Nüttermoor war ein Zeitungsartikel von Dietrich Hensmann, den ich in den oben erwähnten Unterlagen fand. Er führt zum Ursprung dieser Familien u. a. folgendes aus:

Der Name Kok, den die Familie vor einigen Generationen annahm, bedeutet im Friesischen „Recht", der „Verwaltungsbeamte", der, wie der Hodere (Hutträger) das Richteramt inne hatte. Stammvater der Familie Kok ist Tönjes Dethert, der in Nüttermoor am 24. April 1700 starb. Er hatte sich in Nüttermoor am 23. April 1680 mit Trine Eylers aus Holtland verheiratet.

Dieser Ehe entstammt Detert Deterts, der in Nüttermoor am 21. Mai 1700 geboren wurde und dort am 7. September 1738 starb. Er verheiratete sich in Nüttermoor mit Antje Gerrits.

Dieser Ehe entstammt Detert Deterts, der Sielrichter war. Er wurde in Nüttermoor am 26. Januar 1738 [26. 1. 1936 A. d. V.] geboren und starb in seinem Heimatort am 30. Januar 1805. Er verheiratete sich in Neermoor am 17. Januar 1752 [29. 11. 1761] mit Taalke Thedinga, die in Nüttermoor am 6. Mai 1736 geboren wurde, wo sie am 12. Januar 1777 starb. Sie war die Tochter von Claas Harms Thedinga, der am 2. Februar 1708 in Nüttermoor geboren wurde und dort am 9. Dezember 1773 starb. Er führte als erster der Familie den Namen Thedinga, wohl von dem Kloster Thedinga herrührend. Sein Vater nannte sich Harm Dirks. In Nüttermoor war er am 17. Juni 1681 [Lt. OSB Nüttermoor am 17. Juni 1682] geboren und er ist dort am 17.September 1738 gestorben. Er war ein Sohn von „Dirk aus dem alten Krug" und der Taalke Claashen.

Claas Harms Thedinga verheiratete sich in Holtgaste am 2. Juni 1735 mit Engel Harms, die am 14. Februar 1713 geboren wurde und in Nüttermoor am 31. März 1754 starb. Sie war die Tochter von Harm Janssen, der in Soltborg am 30. Juli 1737 gestorben ist. Ihre Mutter war Engel Engelkes, die in Soltborg am 18. Dezember 1718 starb. Diese war wieder eine Tochter von Engelke Everts, gestorben am 19. Oktober 1714 und Frau Geeske von Jemgumerkloster. ...

Dieser Artikel erschien in der Reihe „Der Deichwart[1]" als Beilage zur Zeitung Rheiderland 1968. Er wurde 1992 auch in „Unser Ostfriesland", der Beilage der Ostfriesenzeitung, abgedruckt. Er ist der trotz einiger unrichtiger Daten der Ausgangspunkt für die folgende Zusammenstellung. Im Verlauf der Recherche fand ich Hinweise auf steinerne Dokumente dieser Familien in Nüttermoor auf dem Friedhof, am Emsdeich bei Nüttermoorersiel und beim ehemaligen Kloster Thedinga. Der Familienname Kok wird in den Kirchenbüchern als „Kok" geschrieben,

---

[1] Hensmann, Die Ostfriesische Familie Kok.

aber in einigen Dokumenten auch als „Kock". In der Familie wurde jedoch auf der Schreibweise ohne „c" bestanden.

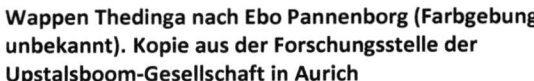

Wappen Thedinga nach Ebo Pannenborg (Farbgebung unbekannt). Kopie aus der Forschungsstelle der Upstalsboom-Gesellschaft in Aurich

Wappen Kok (Farbgebung unbekannt) nach Ebo Pannenborg aus „Unser Ostfriesland" 1991

Beide Familien führten im 18 Jahrhundert die hier abgebildeten Wappen und einen Familiennamen. Als eine mögliche Bedeutung der Wappensymbole im geteilten Wappenschild Thedinga bietet sich an: Die drei Lilien „Fleur-de-Lys" [2] im Schildhaupt mit Bezug zu Frankreich, können nur als Hinweis auf das Kloster Thedinga interpretiert werden. Die Zisterzienser führen sie ebenfalls in ihrem Wappen[3]. Drei sechzackige Sterne als Heroldsbild teilen das Wappen. Das Portal im unteren Bereich des Schildes ist auf einer Grabplatte ebenfalls vorhanden, auf einer anderen nicht. Das Kloster Thedinga verfügte über ein Portal, das auch noch im 18. Jahrhundert erwähnt wird als „Kloster-Pforte", das von den Besitzern des Klosters und vom Müller gemeinsam „gebraucht" würde. Das Wappenbild einer Zange[4] im Wappen Kok soll laut mündlicher Überlieferung eine Feuerzange darstellen, deren Sinn bislang nicht recht geklärt werden konnte.

Etliche Hinweise auf den Ursprung und die Wappen beider Familien ergaben sich durch die Darstellung dem Jahr 1991, herausgegeben von Isa Ramm. Außerdem lieferten die Ortssippenbücher/Ortsfamilienbücher für Driever, Esklum, Grotegaste, Jemgum, Hatzum, Kirchborgum, Leer, Loga, Neermoor, Nendorp, Nortmoor, Nüttermoor, Oldendorp, Pogum und Veenhusen, sowie die Recherche im Niedersächsischen Landesarchiv Aurich (NLA), bei der Landschaftsbibliothek und der Upstalsboom-Gesellschaft in Aurich weitere Fakten. Auch im

---

[2] Vgl. https://de.wikipedia.org/wiki/Lilie_(Heraldik)#Fleur-de-Lys.

[3] Vgl. https://de.wikipedia.org/wiki/Zisterzienser.

[4] Die Zange ist in der Heraldik eine gemeine Figur und wird im Wappen sehr verschieden dargestellt. https://de.wikipedia.org/wiki/Zange_(Heraldik).

Internet, besonders bei Ancestry, fanden sich weitere Belege und Texte z. B. über die Ausgewanderten.

Beide Familien haben ihren vorläufigen Ursprung im Dorf Nüttermoor. Der Urahn der Familie, die sich später als Thedinga bezeichnete, stammt aus Bollinghausen. Beide Familien finden auf dem ehemaligen Klostergut Thedinga zusammen und sind bereits im 18. Jahrhundert durch eine Heirat miteinander verbunden. Die ersten Generationen bleiben in Nüttermoor, aber dann verzweigen sich beide Familien in die umliegenden Dörfer an der Ems, ins Rheiderland, ins Oberledingerland, nach Norden, Aurich usw. Mitte des 19. Jahrhundert beginnt die Auswanderung von Teilen beider Familien in die USA.

Die im Folgenden abgedruckten Unterlagen aus dem Nachlass Ebo Pannenborgs fanden sich in der Forschungsstelle der Upstalsboom-Gesellschaft zu den Familien Kok und Thedinga. Es handelt sich dabei um Kopien von Fotos und Beschreibungen der Grabplatten auf dem Friedhof in Nüttermoor. Dabei geht es hier um das Grab von Detert Deter(t)s Kok und Taalke Harms Thedinga.

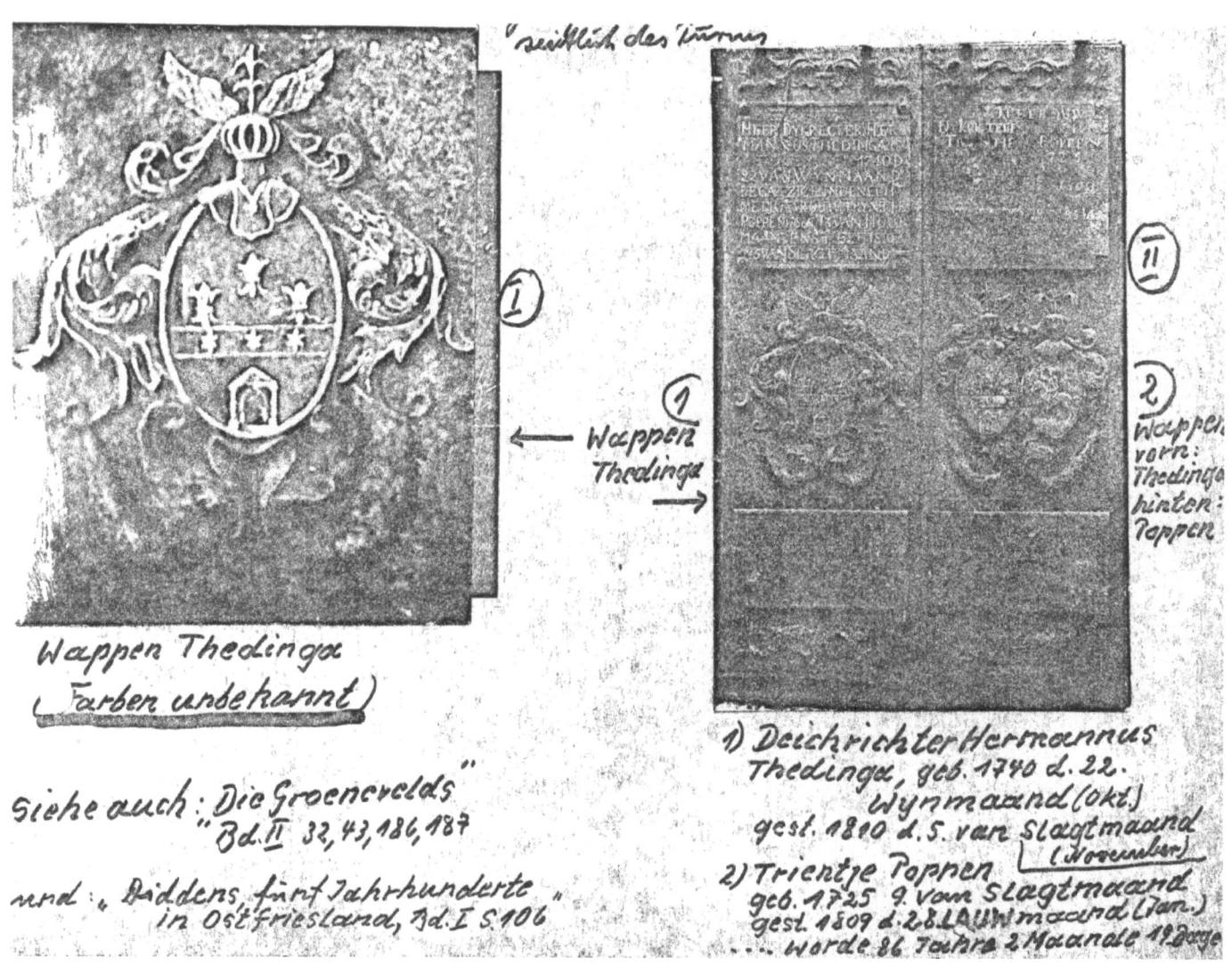

Aufzeichnung Ebo Pannenborg, Upstalsboom-Gesellschaft Aurich

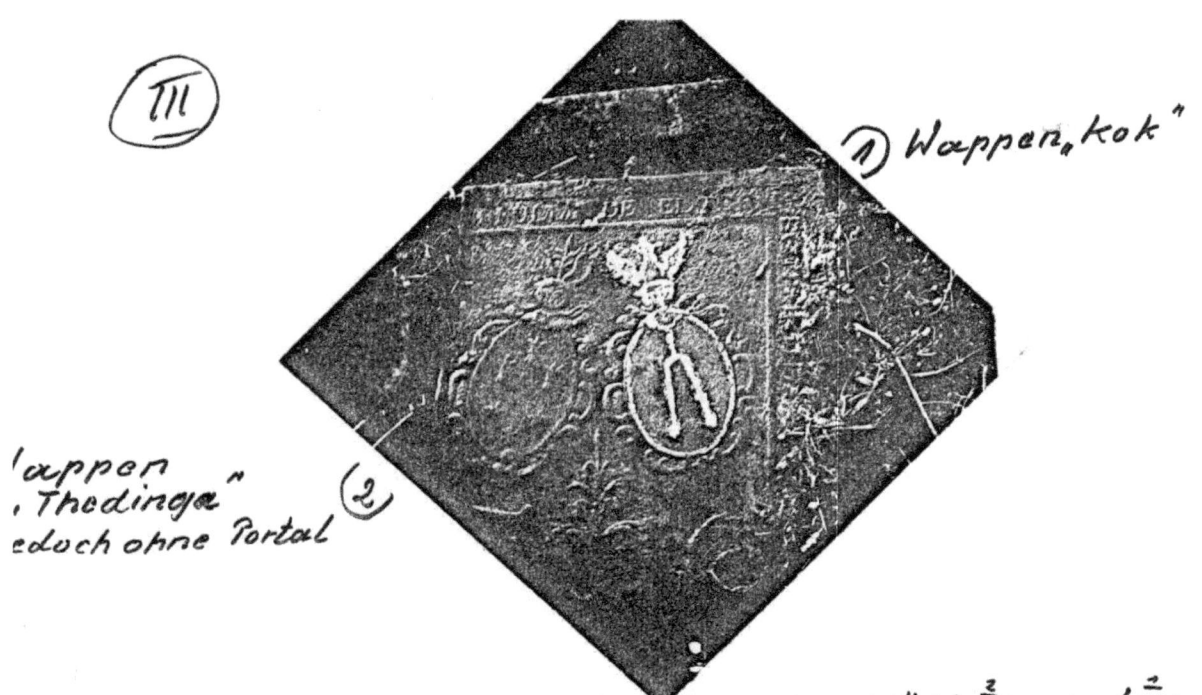

Ⓜ

① Wappen „kok"

'appen
„Thedinga"
edoch ohne Portal ②

Grabplatte auf dem Friedhof in Nüttermoor-Leer

1) Detert Deters Kok ⚭ 26. 1. 1736 ⚱ 30. 1. 1805
2) Taalke Harms Thedinga (Frau von D. D. Kok)
Die Platte ist vollständig von Unkraut überwuchert,
ist daher von einer fremden Person nicht mehr zu finden.

E. Pannenborg teilt am 16. 6. 1976 mit, daß die
Platte nicht mehr aufzufinden ist (überwuchert?).
Leyay 16. 6. 76 Ra

Aufzeichnung Ebo Pannenborg, Upstalsboom-Gesellschaft Aurich

Grabplatten in Nüttermoor an der Kirche. Foto: H. Kok 2011

Diese Grabplatten mit dem Wappen der Familie Thedinga befinden sich heute an der Kirchenwand in Nüttermoor mit folgender Inschrift (Linke Platte):

> *Hier rust de Weled Heer Dykregter Hermannus Thedinga,* (Bruder von Taalke Thedinga oo Detert Deterts Kok, Anm. d. V.) *Hy werd geboren 1740 d. 22.van Wynmaand*[5]
> *begav zich in de echt met Junfvour Tryntje Poppen 1766 d. 13. van Hooi-maand*[6] *ens hept 1810 d. 5 van Slagtmaand*[7].
> Wappen Thedinga
> *Alle die U verwachten zullen niet beschaamt worden.*[8]

Die folgende schwarze Grabplatte mit den Wappen Thedinga und Kok ist auf dem Friedhof auch noch vorhanden, aber kaum noch zu entziffern. Die Inschrift lautet, den Unterlagen aus dem Staatsarchiv Aurich zufolge:

> *Treu und zärtlich erfüllet die Eltern legt kindliche Liebe und Hochachtung dieses Denkmal … im theuersten seligen Auferstehen … unserer ihrer Pflichten so.* (Rund um die Grabplatte).
> Rechts mit Wappen Kok liegt Dethert Deterts Kok, zu lesen sind nur die Zahlen 30. Jan. 1805 (sein Todestag); links Thedinga Wappen: Taalke Thedinga … 1736 (Geburtsjahr) und 12. Jan. 1777 (Sterbetag)[9].

Zum Wappen Kok:

Die drei Wappen-Versionen

Es gibt drei verschiedene Varianten des Wappens Kok. Eine ist links abgebildet (Quelle: Pannenborg), eine andere sieht man hier rechts (Quelle: Archiv Gerd Kronsweide). Die farbige Wappendarstellung in der Mitte gehört zur Sammlung von Isa Ramm und war offenbar die Vorlage für ein großes Wappenbild, das ich von meinem Vater Johannes Kok geerbt habe.

---

[5] Wynmaand= Oktober.
[6] Heumaand= Juli.
[7] Slachtmaand= November.
[8] NLA, diverse genealogische Aufzeichnungen.
[9] Ebd.

Grabplatte Friedhof Nüttermoor. Foto: H. Kok 2

Auch heute noch findet man die alte Grabplatte Thedinga-Kok auf dem Friedhof in Nüttermoor. Sie ist immer weiter zugewuchert und verwittert und befindet sich auf der Südseite des Friedhofes in der Nähe weiterer Grabsteine der Familie Kok, die noch erhalten sind.

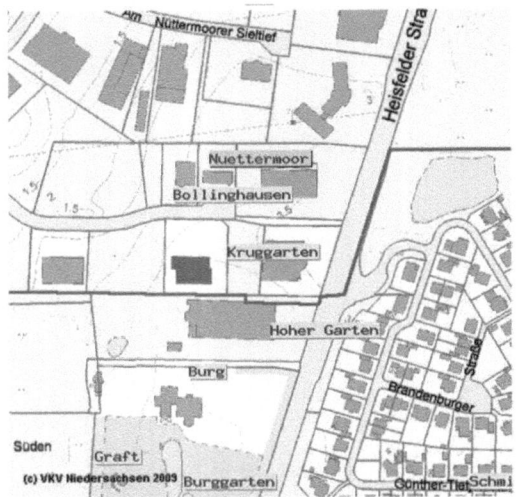

Ausschnitt aus Flurnamensammlung Ostfriesische Landschaft

Der bisher bekannte Ursprung der Familie, die sich später Thedinga nennt, stellt sich folgendermaßen dar:

Generation I

(I1) Dirk Janssen (Oldenburger), gestorben am 22. November 1719 in Bollinghausen und seine Frau **Ventje Janssen**, gest. am 14. März 1716 in Bollinghausen, sind die Stammeltern der Familie.

Dirk Janssen (Oldenburger) wird im OSB Nüttermoor beschrieben als „Oldenburger, de Kröger genannt. Wohnhaft in de olde Kroog (Kröger) te Bollinghausen"[10]. Dieser Krug in Bollinghausen hat sehr wahrscheinlich im „Kruggarten" gestanden, in der Nähe der alten Burgstelle Bollinghausen, wie man der Flurnamensammlung der Ostfriesischen Landschaft und alten Karten entnehmen kann. Einen weiteren Hinweis auf diesen Krug liefert Arends in seiner Beschreibung Bollinghausens im Jahr 1824 über ein dort noch befindliches Wirtshaus, das von den Leeranern „sehr stark besucht wird"[11]. Im Grund- und Hypothekenbuch des 18. Jahrhunderts wird der Krug als „ein Haus und Scheune nebst Gärtens und Warfstätte, der alte Krug genannt[12]" aufgeführt. Dirk Janssen kann laut OSB Nüttermoor ein Nachfahre von Johan Oldenborch[13] und Taalke (*?, †4. März 1687, „de Moder van Dirk in de olde Kroog"[14]) sein, ein „Werfmann", der um 1600 im Schatzungsregister von „Uttermohr" [Nüttermoor][15] erwähnt wird. Über die Herkunft von Ventje Janssen ist nichts weiter bekannt.

Die weiteren Vorfahren bleiben vorerst leider im Dunkeln. Im OSB Nüttermoor werden 6 Kinder aufgeführt:

1. Ventje Dirks   *?, † 1. August 1691 Bollinghausen „in de olde Kroog"
2. Stientje Dirks   *9. Juli 1674 Bollinghausen, †? Bollinghausen
3. Jan Dirks   *9. Nov. 1676 Bollinghausen, †? Bollinghausen
4. Dirk Dirks   *14. August 1679 Bollinghausen, † 16. Januar 1710 Bollinghausen
5. **(II1) Harmen Dirks**   *17. Juni 1682 Bollinghausen[16], † 12. Oktober 1739 Kloster Thedinga (Verheiratet mit I Foelke Hiben, II Taalke Claessen)
6. Harbert Dirks   *14. Mai 1686 Bollinghausen, † 18. Januar 1710 Bollinghausen

---

[10] OSB Nüttermoor Nr. 1360, S. 232.
[11] Ahrends, Friedrich, Erdbeschreibung, S. 219.
[12] OSB Nüttermoor, S. 597.
[13] OSB Nüttermoor, Nr. 1993 Nr. 1993, S. 323, S. 524.
[14] Ebd. S. 10.
[15] Ebd. Nr. 1993 Nr. 1993, S. 323, S. 524.
[16] Das Geburtsdatum <u>kann</u> nicht stimmen, da er sonst mit 5 Jahren schon geheiratet hätte. Möglicherweise ein Zahlendreher: Statt 1682 ev. 1672, dann wäre er immerhin 15 gewesen. Leider ist im OSB Nüttermoor kein Heiratsdatum genannt, aber die Schwester Stientje wird bereits 1674 geboren, so dass eine Heirat vor 1672 auch möglich erscheint.

Generation II

Von den sechs Kindern erfahren wir nur, wie es mit **(II1) Harmen/Harm Dirks** weitergeht. Die anderen sind früh verstorben. Er heiratet am 2. Juli 1687 in Nüttermoor in erster Ehe **Foelke Hiben** (*?, †Feb. 1695) vom Thedingaer Vorwerk. möglicherweise die Tochter von Hybe Janssen und Ette aus Amdorf.

Harmen wird Pächter auf dem Thedingaer Vorwerk. Mit Foelke hat er 4 Kinder.

1.	Dirk Harmens	*14. April 1688 Nüttermoor, †22. Oktober 1723 „by den Dyk"
		(Verheiratet mit Anna Andreessen *?, †15. Januar 1720)
2.	Trientje Harmens	*29. Oktober 1689 Nüttermoor, †22. März 1694 Nüttermoor
3.	Hibe Harmens	*6. April 1692 Nüttermoor, †?
4.	Trientje Harmens	*6. August 1694 Thedingaer Vorwerk, †27. März 1695 Thedingaer Vorwerk

Im Februar 1695 stirbt Foelke Hiben. Harm Dirks heiratet etwa 1701/1702 in zweiter Ehe **Taalke Claessen** (*? †21. August 1758 Kloster Thedinga). Sie haben zusammen 6 Kinder:

1.	Gepke Harmens	*1. Januar 1703 Thedingaer Vorwerk, †?
2.	Antje Harmens	*29. März 1705 Thedingaer Vorwerk, †16. Juni 1705 Thedingaer Vorwerk
3.	Antje Harmens	*27. Juli 1706 Thedingaer Vorwerk, †3. März 1728 Kloster Thedinga
4.	Foelke Harmens	*27. Juli 1706 Thedingaer Vorwerk, †?
5.	**(III 1) Claes Harmens**	*2. Februar 1708 Thedingaer Vorwerk, †9. Dezember 1773 Kloster Thedinga
		(Verheiratet mit I Engel Harms, II Tetje (Hundlingh) Hundlingius, III Reenste Ibelings)
6.	Trientje Harmens	*17. Mai 1711 Kloster Thedinga, †?

Harm, auch Harmen/Harman Dirks genannt, erwirbt am 14. Januar 1711 das Klostergut Thedinga durch einen Erbpachtvertrag mit dem Fürsten Georg Albrecht Cirksena von Ostfriesland[17]. Die Familie Dirks war bereits Pächter des Thedingaer Vorwerks, bevor sie 1711 das Kloster Thedinga mit den zugehörigen Ländereien in Erbpacht erwirbt. Die Mühle gehörte nicht dazu.

Die folgende Karte ist dem Pachtvertrag von 1711 entnommen. Die zum Vertrag zählenden Ländereien und die übriggebliebenen Klostergebäude sind mit Zahlen gekennzeichnet. Das Kloster Thedinga bestand nach der Säkularisierung laut Schulchronik Nüttermoor[18] aus insgesamt 7 Hofplätzen und Häusern und einer Mühle, der „Klostermühle".

Das Kloster Thedinga war ursprünglich ein Nonnenkloster des Zisterzienserordens. Es wurde 1283 nördlich von Leer in Ostfriesland erbaut. Das Kloster war recht gut mit Landbesitz ausgestattet. Neben einem Vorwerk „Thedingen" (Thedingaer Vorwerk[19]) zwischen dem Emsdeich und dem eigentlichen Kloster bei Nüttermoor gelegen, besaß es ursprünglich ein weiteres in Timmel, ferner zwei Mühlen, eine in Jemgum und eine in Emden sowie zahlreiche Grund- und Erbpachten. Eine Mühle ganz in der Nähe des Klosters, die „Klostermühle", gehörte ebenfalls dazu.

---

[17] Vgl. NLA: Rep. 4, B 4 h, Nr. 238, Rep. 4, B 2 n, Nr. 371.
[18] Vgl. OSB Nüttermoor, S.466.
[19] Das Thedingaer Vorwerk bestand aus zwei Häusern, ein 1441 erstmals mit „vorwerck to dem dyke" benanntes und zum Kloster Thedinga gehörendes Vorwerk. Spätere Bezeichnungen waren Th. Vorwerck (1599), Villa Thedingana (1616) und Thedinger Vorwerch (1645). Vgl. HOO-Nuettermoor

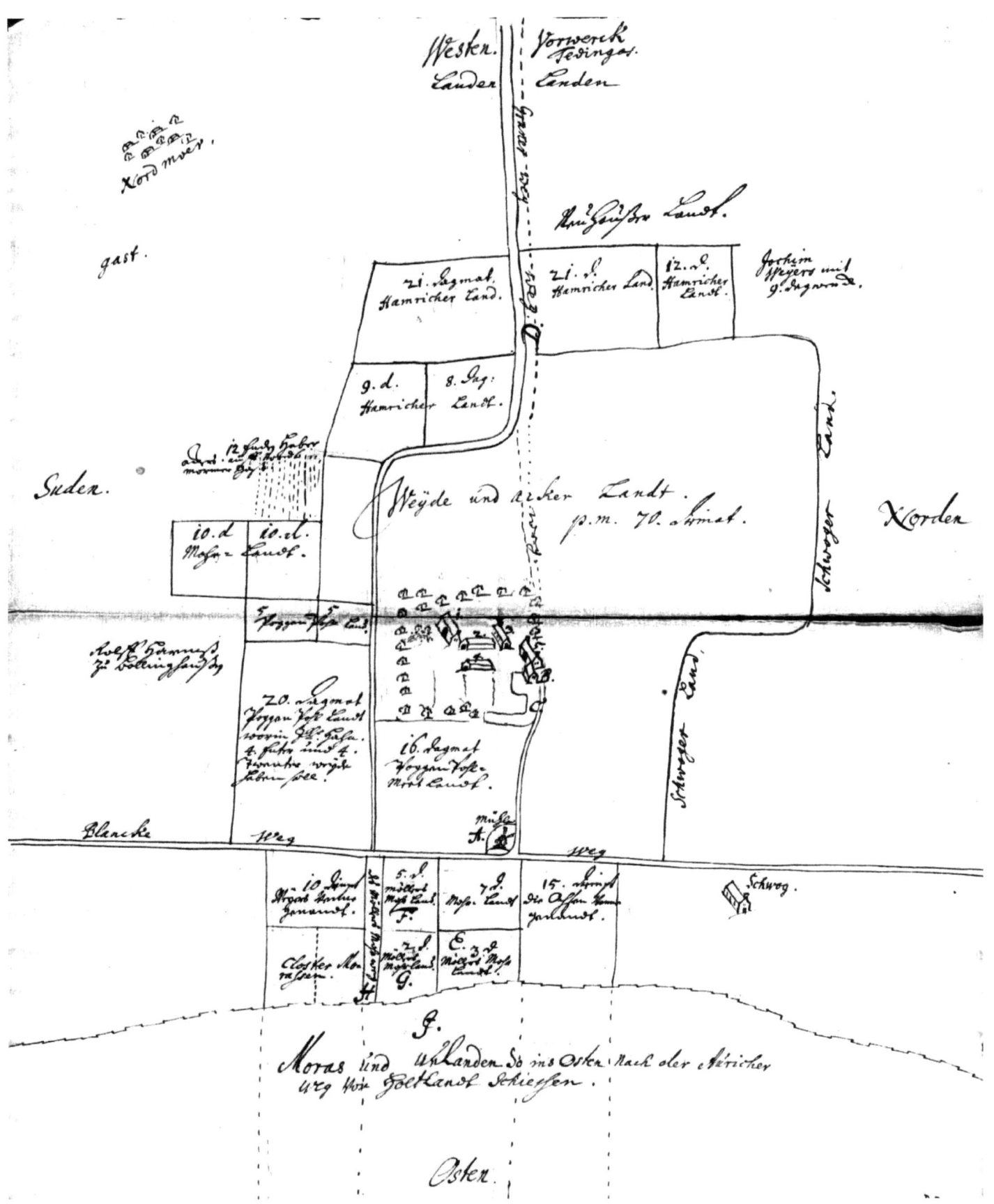

Kartenausschnitt Kloster Thedinga, Auszug aus Pachtvertrag 1711, mit Genehmigung des NLA

Bis ins 16. Jahrhundert gehörte das Kloster zu den angesehensten in Ostfriesland. Das Kloster in Nüttermoor soll stattlich und mit einem „Ringgraben in Sandstein"[20] umgeben gewesen sein. „Auch war es sehr begütert. Außer einem Vorwerk, Thedingen genannt, und einem zu Timmel, besaß es 707 Grasen [etwa 283 Hektar] Landes an beiden Seiten der Ems, die beiden schon angeführten Mühlen, ferner Grund- und Erbpachten in der Nachbarschaft..."[21] Nach der Reformation wurden die Klöster in Ostfriesland schrittweise aufgelöst. Das Kloster Thedinga geriet Mitte des 16. Jahrhunderts im Zuge der Säkularisierung in gräflichen Besitz der Familie Cirksena aus Aurich. 1573 waren nur noch neun Nonnen im Kloster. 1674 wurden die meisten Gebäude abgebrochen und die Steine der Klosterkirche der lutherischen Gemeinde in Leer zum Bau einer Kirche geschenkt[22]. Zum Klostergut gehörte auch noch der Siedlungsplatz Neuhaus.[23] Neuhaus liegt auf halbem Weg vom Kloster Thedinga Richtung Vorwerk. Das Thedingaer Vorwerk war schon vor 1711 zur Schuldentilgung als erstes in Pacht gegeben worden (zunächst an Esdert von Reith[24] und später an Harmen Dirks).[25] Ahrends berichtet noch im Jahre 1824: „Das ansehnliche Wohnhaus des jetzigen Eigners, des Gutsbesitzers Thedinga [Claes Hermann Thedinga (1774-1833), Urenkel des Harmen Dirks, Anm. d. V.], steht auf der Stelle, wo die Kirche gestanden, der Kirchhof dient demselben zum Garten.

Ruinen des anderen Kloster-Gebäudes, aus Steinhügeln bestehend und zu einer artigen Garten-Anlage von demselben sehr zweckmäßig genutzt, sieht man ebenfalls noch, auch haben sich die Namen Spinnhaus[26] und Rentmeistershoff[27] noch erhalten so wie Spuren davon im Steinschutt."[28] In der Flurnamensammlung der Ostfriesischen Landschaft gibt es Hinweise auf die „Burgstelle", das „Klostergut" und ein „Neues Schatthaus"[29].

Heute noch steht auf der ehemaligen Burgstelle das ehemalige Haus der Familie Thedinga, das 1787 erbaut wurde. Daneben befindet sich ein alter Gulfhof, dem das Vorderhaus fehlt. Gegenüber, dort wo früher das „neue Schatthaus" stand, befindet sich ein weiteres landwirtschaftliches Gebäude, das auch der Familie gehörte, es wurde 1764 erbaut. Dahinter wurde später ein Wohngebäude für die Familie von Inn- und Knyphausen errichtet.

Im Jahr 1967 berichtet A. Schöneboom über das Haus auf der ehemaligen Burgstelle: „Den Kontakt mit der Vergangenheit vermitteln die beiden gewaltigen Grabplatten, sog. Blausteine, die, kunstgerecht restauriert, zu beiden Seiten der Haustür des Hofes in die Außenmauern eingelassen sind. Die eine gilt dem letzten Abt, Homerus Beninga[30], die andere der letzten Priörin Etta von Oldersum und Gödens"[31]. Die weiter unten abgebildeten alten Grabplatten

---

[20] Vgl. A. Schöneboom, Flurbezeichnung war die Wurzel.

[21] Hemmo Suur, Geschichte der ehemaligen Klöster in der Provinz Ostfriesland, Emden, 1838, S. 28

[22] Vgl. OSB Nüttermoor, S. 468.

[23] Neuhaus / Nieuwe Huis fand erste Erwähnung als „dem sogenanten neuen Hause" im Jahr 1719. Seit 1852 wird der aus einigen Häusern bestehende Ort als Neuhaus geführt. Der Name ist wohl aus der mittelniederdeutschen Fügung „to'n nien huse" ‚zum neuen Haus' entstanden. Vgl. HOO-Nüttermoor.

[24] Hemmo Suur, Geschichte der ehemaligen Klöster in der Provinz Ostfriesland, Emden, 1823, S. 30

[25] Vgl. OSB Nüttermoor, S. 467, f.

[26] Das Spinhaus/Spinnhaus ist eine Art Arrest.

[27] Die wirtschaftliche Leitung des Klosters oblag einem Rentmeister.

[28] Ahrends: Erdbeschreibung, S. 220.

[29] Das Schatthaus gehörte zum Kloster und diente wahrscheinlich sowohl als Viehstall als auch zur Unterbringung der meist in Naturalien abgelieferten Abgaben.

[30] Homerus (Ommo) Beninga wurde um1485 geboren und starb am 8. Februar 1557. Sein Bruder war Eggerik Beninga (1490-1562). Etta (Ette) von Oldersum und Gödens starb 1576 im Alter von 80 Jahren.

[31] A. Schöneboom, Flurbezeichnung war die Wurzel.

lagen ursprünglich auf dem Friedhof des Klosters, der vor 1824 bereits zum Garten geworden war.

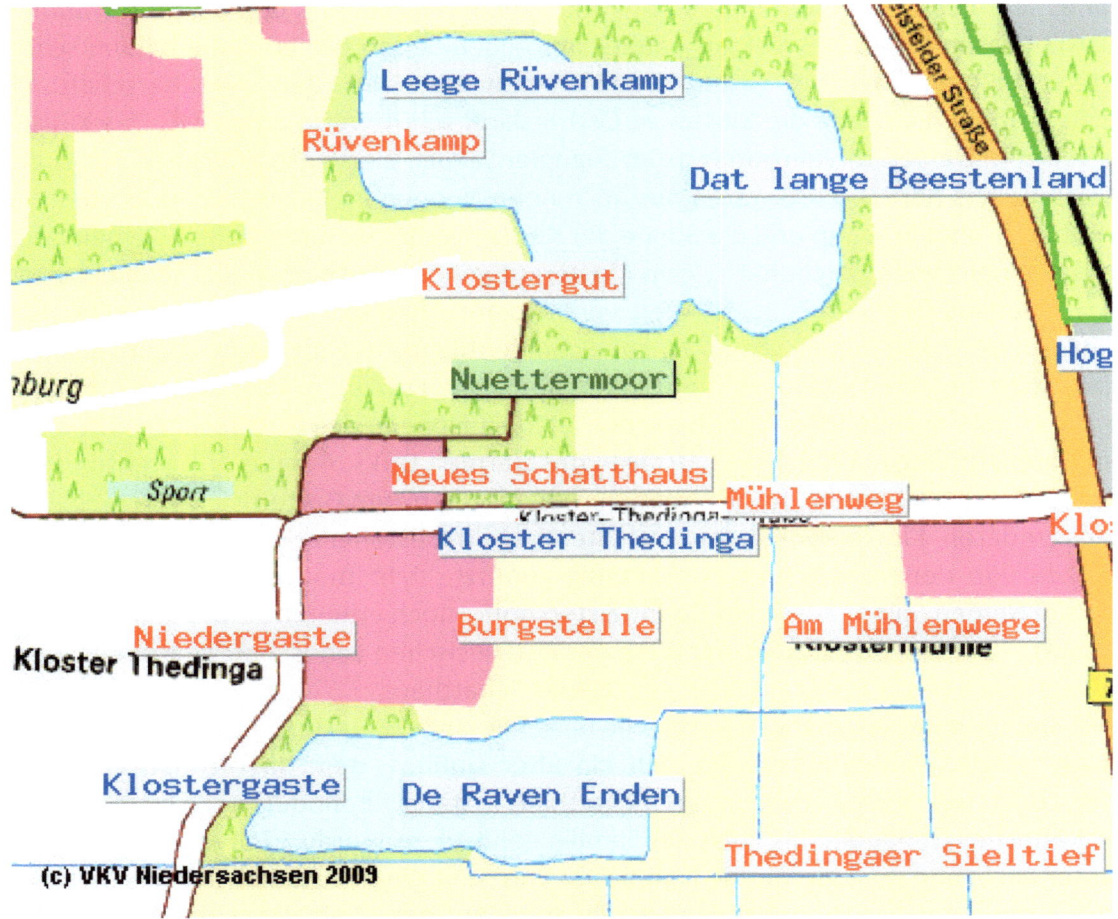

Kloster Thedinga in der Flurnamensammlung der Ostfriesischen Landschaft

Heutiger Blick von der Kloster-Thedinga-Straße Richtung Osten, Foto H. Kok 2021

Hofgebäude Thedinga von 1787 mit den Grabplatten links und rechts der Haustür, Foto F. Stoedtner 1900-1940, Sammlung Kok.

Heutige Bebauung mit altem Vorderhaus und neuerer hinterer Bebauung, Foto Heino Kok 2021

„Plaatzgebäude Heddens" von 1764 mit einem kurzen Wohnhaus. Der Hof wurde von der Familie Heddens als Pächter bewohnt, Foto F. Stoedtner 1900-1940, Sammlung Kok

Das Vorderhaus des „Plaatzgebäudes" von 1764 ist heute zugewachsen, aber noch erkennbar, Foto Heino Kok 2021

Nördlicher Hof von 1764, Rückseite, Foto F. Stoedtner 1900-1940; „Plaatsgebäude Heddens", Sammlung Kok

Nördlicher Hof von 1764 mit erneuertem Achtergiebel 2021, Foto Heino Kok 2021

Alter Hof ohne Vorderhaus auf der südlichen Burgstelle, Foto H. Kok 2021

Alter Hof ohne Vorderhaus auf der südlichen Burgstelle von hinten, Foto H. Kok 2021

Grabplatte des Abtes, Foto: H. Kok 2008

Grabplatte der Priörin, Foto: H. Kok 2008

Im Nachdruck der Ostfriesischen Steuerlisten von 1719 wird auf Seite 308 das „Thedinger Closter als Wohnplatz der Gemeinde Nüttermoor aufgelistet. Dort heißt es: „Im Thedinger Closter, wovon man nicht sagen kan wie viel Dachmeten Landes eigentlich dazu gehören, die Gebraucher immittest bey uns zur Kirche gehen, finden sich folgende Personen: Erstlich der Erbpachter Harman Dirks und seine Haußfrau Taelke Claeßen, welche den Halbscheid des Klosters gebrauchen, haben 3 Töchter Gebke, Folke und Antje Harmens genannt. [...] Zweitens Dirck Harms und Anna Andreeßen Eheleute gebrauchen von diesem Kloster ¼ Part [...] Drittens Tönjes Deters und Eucke Jochums auch Eheleute gebrauchen heuerungsweise den letzten ¼ Part."[32] Das stimmt mit den Angaben des OSB Nüttermoor überein. Die jüngeren Kinder wurden bei der Erhebung nicht erfasst.

Harman Dirks und Frau bewirtschaften also eine Hälfte des Klostergutes und der älteste Sohn aus erster Ehe **Dirk Harms** und seine Frau **Anna Andreeßen** bearbeiten ein Viertel der Fläche. Ein weiteres Viertel ist verpachtet an **Tönjes Deters** und **Eucke Jochums**, den Vorfahren der Familie Kok (Siehe Familie Kok).

---

[32] Schulte: Kopfschatzung 1719, S. 308.

Generation III

Der Sohn aus zweiter Ehe **(III1) Claes Harmens (Thedinga)** wird nicht mitgezählt, weil er 1708 geboren und somit 1719 erst 10-11 Jahre alt ist. Er ist der Erste, der sich dann Thedinga nennt und somit der erste bekannte Namensträger der ostfriesischen Familie Thedinga aus Nüttermoor. Die Namensgebung, so wird vermutet, hängt mit der Orts- und Flurbezeichnung „Thedingaer Kloster" zusammen. Schöneboom vertritt die Ansicht, dass das Kloster nach der Flurbezeichnung „Thing" als ehemaliger Thingplatz auf einem Geestrücken entstanden ist. „Eine der ersten Siedlungen am Thing war das Kloster [...] und setzte sich als Klosterbezeichnung durch"[33]. Andere Theorien besagen, dass der Name des Klosters aus dem Namen des einstigen Abtes Thede entstanden ist. Wie auch immer. Für mich steht eigentlich fest, dass der Familienname Thedinga sich aus dem Flur- oder Ortsnamen entwickelte, da der Bauer auf Kloster Thedinga siedelte. Der Siedlungsname war somit wohl zum Familiennamen *Thedinga* geworden[34], lange bevor die französischen Besatzer von den Ostfriesen Familiennamen verlangten. Es ist also sehr wahrscheinlich, dass der Name „Thedinga" angenommen wurde, weil man Pächter von „Thedinga" war.

Claes Harmens heiratet am 2. Juni 1735 in Holtgaste seine erste Frau **Engel Harms** aus Soltborg (*14. Feb. 1713, †31. März 1754). Mit ihr zeugt er 7 Kinder:

1.	Thaalke Claassen Thedinga	*6. Mai 1736 Kloster Thedinga, †12. Januar 1777 Kloster Thedinga (Verheiratet mit I Jan Geerts Aper, II Detert Deterts Kok)
2.	Harm Thedinga	*29. Juni 1737 Kloster Thedinga, †29. Juni 1737 Kloster Thedinga
3.	**(IV1) Harmannus Thedinga**	*22. Oktober 1740 Kloster Thedinga, †5. Nov. 1810 Nüttermoor (Verheiratet mit I Jantje Aeldricks Ibelings, II Tryntje Poppen)
4.	Engel Thedinga	*30. Oktober 1742 Kloster Thedinga, †2. Juli 1773 Kloster Thedinga
5.	**(IV2) J(oh)annes Thedinga**	*29 Jul 1749 in Kloster Thedinga, †2. Mai 1829 (Verheiratet mit I Dedde Homfeld, II Anna Margaretha Cramer, III Beate Magdalena Kettler)
6.	Tryntje Thedinga	*5. April 1751 Kloster Thedinga, †31. März 1794 (Verheiratet mit Stephen Aeldrichs Ibelings, keine Kinder)
7.	Anna Thedinga	*25. März 1754 Neuhaus, †9. April 1754 Neuhaus

Im Jahr 1744 stirbt Carl Edzard, der letzte ostfriesische Fürst aus dem Hause Cirksena. König Friedrich II. von Preußen macht sein Nachfolgerecht geltend und lässt Ostfriesland ohne Widerstand besetzen, und nötigt es, preußisch zu werden. Die Landeshauptstadt Aurich bleibt Sitz der Landesbehörden, erhält eine Kriegs- und Domänenkammer und wird Regierungshauptstadt der preußischen Provinz Ostfriesland.

1751 wird die Ostindische Handelskompanie in Emden gegründet und 1752 die Asiatische Handelskompanie. 1751 und 1755 besucht Friedrich II. Ostfriesland. Die Entwässerung, Moorkolonisierung und Deichsicherung werden gefördert. In Ostfriesland kommt es zu einem erheblichen wirtschaftlichen Aufschwung.[35]

Am 31. März 1754 stirbt Engel Harms. Am 19. Dezember 1755 heiratet Claes Harms in zweiter Ehe **Tetje Hundlingius**. Die Ehe bleibt wohl kinderlos, da keine weiteren Kinder vermerkt sind.

---

[33] A. Schöneboom, Flurbezeichnung war die Wurzel
[34] Vgl. ebd.
[35] Vgl. Wiki Ostfriesland.

In der Kopfschatzung von 1757 wird „Klaes [Harms] Thedinga", als „Eigenerbter auf ein mittelmäßige Geestplatz groß 27,5 gr. [...] nach dessen Stand wohlbemittelt ..."[36] bezeichnet. Claes Harmens Thedinga wird im OSB Nüttermoor als Erbgesessener zu Kloster Thedinga und Sielrichter bezeichnet. Zum Klostergut gehörte ein eigenes Siel zur Entwässerung, das Thedingaer Siel. Im Jahr 1756 lässt Claes Harms das Thedingaer Siel massiv neu erbauen. „Thedinger auch Kloster Syhl ist 1756 von Holz, 7 Fuß im Lichten weit, erbauet. Es gehöret solcher zu dem vormaligen Kloster, jezzigen Vorwerk Thedinga, und wird durch den Eigenthümer desselben unterhalten. Ein Syhlrichter führet darüber die Aufsicht, rund 1144 Grasen Landes [ca. 486 ha] haben ihre Abwässerung durch diesen Syhl"[37]

Im Jahr 1764 lässt Claes Harms an der Nordseite des Klosterweges einen neuen Gulfhof bauen, der bis heute erhalten ist. Im Jahr 1768 sind für den Ort „Thedinga" vier Häuser mit Scheune auf Claes Harms Thedinga bei der ostfriesischen Brandkasse versichert.

Wann Tetje verstorben ist, ist nicht überliefert, aber am 15. Oktober 1773 heiratet Claes in dritter Ehe **Reenste Ibelings** (*1711 Schatteburg, †1785 Schatteburg). Weitere Kinder sind im OSB Nüttermoor nicht verzeichnet. Claes Harms Thedinga stirbt kurz nach der Trauung am 9. Dez. 1773 in Kloster Thedinga als einflussreicher Mann. Er war von 1741-1743 Ordinärdeputierter des 3. Standes im Amt Leerort.[38]

Im Grund- und Hypothekenbuch des 18. Jahrhunderts (Moormer Vogtei, Amt Leerort, Vol. I, 1, fol. 1-164, altes Hypothekenbuch, ab 1751) ist die Vererbung des Klostergutes von Thedinga dokumentiert:

Fol 67

Das Closter Thedinga samt dazu gehörigen Pertinentien und Lande:

1) Ein Haus und Vieh – Haus, 2) ein Haus und Scheune. 3) 21 Dagmath Hamricher Land zwischen das Nüttermohrmer Land und dem Syhl beschwettet. 4) 21 Dagmath ins Süden am Tieff ins Norden an den 12 Dagmath beschwettet. 5) 12 Diemath[39] oder Dagmathen zwischen den 21 Diemathen und den Neuhauser Landen beschwettet. 6) Neun Diemathen zwischen obgem. 21 Diemathen und dem Nüttermohrmer sodann denen folgenden 8 Diemathen beschwettet. 7) acht Diematten an gem. 9 Diem. und dem Tiefe beschwettet. 8) 12 Enden Ackers auf der Nüttermoermer Gaste 9) pl. m. 70 Diemathen Weide- und Ackerland, umbs Closter liegend. 10) 10 Diematten Mohrland, 11) 10 Diemathen dito, 12) 5 Diemathen und 13) noch 5 Diemathen Poggen Pohlland, 14) 20 Diemathen Poggen Pohlland, 15) 16 Diemathen dito Meetlend, 16) 15 Diematten die Ochsen Venne genannt, 17) 7 Diematten Mohrland. 18) Zehn Diematten die Meyers Venne genannt, 19) ein Stück Unland und Morast, 20) Die Torffgräberey auff den vor Holtland schließenden Mohrasten und endlich die mit dem Müller gemeinschaftlich gebrauchende Kloster- Pforte.

Besitzer

Deputierter <u>*Claes Harmens*</u> *lebet mit* <u>*Engel Harmens*</u> *in ersterer Ehe. Sein weylt. Vater* <u>*Harmen Dircks*</u>*, den Er als Erbe succedirte, hatte das Closter mit denen pertinentien von der Landes - Herrschaft in Erb-Pacht besage Contracts erhalten (Erbpachts-Contract zwischen dem Fürsten* <u>*Georg Albrecht*</u> *von Ostfriesland und* <u>*Harmen Dircks*</u> *vom 14. 1. 1711).*

---

[36] Kopfschatzung 1757, S. 192.
[37] Freese, Ostfries- und Harlingerland, S. 336.
[38] Schreiber, Ostfriesische Beamtenschaft, S. 1124.
[39] Das „Diemath" - allgemein 56,7383 Ar groß, das Moordiemath hatte 0,9974 ha - erhielt seinen sprachlichen Ursprung aus dem Wort Demath bzw. Dagmet, d.h. es war die Fläche, die ein guter Arbeiter an einem Tag mähen konnte. Siehe: http://www.rhaude.de/napoleon/mititaer/masse.htm.

Jannes Thedinga Aus der väterlichen Erbschaft vermöge des den 28. Juny 1774 errichteten, den 13. Decbr. 1785 gerichtl. recognoscirten Erbtheilungs Recesses für 14.000 Gl. erhalten. Worauf der Titulus possessionis für ihn ex decreto vom 13. Decbr. 1785 eingetragen worden.

Fol 68

Ein zwischen dem Thedinger Closter und Vorwerck belegener ansehnlicher Herd Landes, das Neue Haus genannt, bestehend aus 105 Diematten, an den Closter - Landen ins Osten, an den Nüttermohrer Landen ins Süden, an den Vorwerke Landen ins Westen und Norden sodan an den Schwoogster - Landen ins Norden beschwettend, nebst dazu angekaufften Kirchen - Stuhl und Gräbern respec. in der Kirche und auffm. Kirch - Hoff zu Nüttermohr. Auch acht Tagwerke Torffgräberey auf dem Closter Mohr. Hermannus Thedinga hat noch ein Haus darauf erbauen lassen, welches hier ex decreto de 21. Jan. 1824 vermerkt worden.

Besitzer Claes Harmens Deputirter lebet mit Engel Harmens in ersterer Ehe. Publice gekaufet besage Kertz - Kauff -Briefes. 20500 Gulden wäre das Kauff - Pretium.

Claes Harms für sich allein. Stehet jetzo in Heyrates Tractate mit weyl. Past. Wessels Wed. Tetje Hundlings. Übertragen zufolge Berichtigungs - Protocolli vom 15. October 1755.

Hermannus Thedinga, lebet mit Trintje Poppen in ersterer Ehe. Geerbet laut Erbtheilung. Angenommen für 23.500 Gulden.

Hermannus Thedinga hat vermöge testamentarischer Disposition der weil. Eheleute Hermannus Thedinga u. Trientje Poppen resp. den 28. Oct. 1807 u. 21. Märtz 1810 u. 7. Febr. 1811 dieses Immobile für 28.000 f. in Golde aus der Erbschafts Masse gedachter Eheleute in Eigenthum erhalten und ist Titulus possessionis ex decreto de 21. Januar 1824 für denselben berichtigt.[40]

Generation IV

Die älteste Tochter, **Taalke Claessen Thedinga**, verheiratet sich am 18. April 1757 in erster Ehe mit **Jan Geerts Aper** (*1731, †1. September 1761). Sie haben zusammen zwei Kinder:

1.	Gerd Jans Aper	*9. März 1758 Nüttermoor, †30. August 1826 Terborg (Verheiratet I Noentje Harms Feenders, II Rikste Mennen Esderts)
2.	Engel Aper	*27. Oktober 1759 Nüttermoor, †11. Oktober 1782 (Verheiratet mit Sieben Harms Feenders)

Jan Geerds Aper verstirbt am 1. September 1761 sehr jung (ca. 29-30 Jahre alt).

Taalke heiratet ein zweites Mal, diesmal **Detert Deterts Kok** (*26. Januar 1736 Nüttermoor, †30. Januar 1805 Nüttermoor), den Sohn von **Detert Deterts** und **Antje Gerrits**. Er ist der erste, der sich Kok nennt und ist damit der Stammvater der Familie Kok aus Nüttermoor.

Das zweite Kind, **Harm Thedinga**, verstirbt bereits bei der Geburt. Dann folgt 1740 der 2. Sohn **(IV1) Harmannus Thedinga**. Er heiratet am 16. April 1766 **Jantje Aeldricks Ibelings** (Tochter des **Aeldrick Weerds Ibelings** und der **Geertje Stephans Eysing** aus Backemoor). Sie haben zusammen ein Kind, Engel (*25.1.1767), das bereits am 8. März 1767 wieder verstirbt. Kurz vorher, am 1. Februar 1767, ist bereits die Mutter Jantje, vermutlich infolge der Geburt, gestorben.

---

[40] Grund- und Hypothekenbuch des 18. Jahrhunderts (Moormer Vogtei, Amt Leerort, Vol. I, 1, fol. 1-164, altes Hypothekenbuch, ab 1751)

Am 13. Juli 1768 vermählt sich Harmannus Thedinga in zweiter Ehe mit **Trintje Poppen**, der kinderlosen Witwe des Deichrichters **Wübbe Smid** aus Nüttermoor, Tochter von **Poppe Ayelts** und **Hilke Melefs**. Beide Eltern stammen aus angesehenen Familien an der Unterems mit einer langen Tradition als Siel- und Deichrichter. Harmannus Thedinga wird Deichrichter für das Nüttermoorer Siel. Zusammen mit dem Schwager Detert Deterts Kok zeichnet er 1784 verantwortlich für den Neubau des Nüttermoorer Siels.

Inschrift im Schöpfwerk Nüttermoorersiel. Foto: H.Kok 2008

Johann Conrad Freese berichtet 1796 über diesen Sielbau. „Nüttermohrmer Syhl ist, 1784 massiv, 11 ½ Fuß, int Lichten weit erbauet, hat 2 Syhlrichter, und gehören dazu 1528 Grasen".[41] Verantwortlich für den Bau des Siels waren laut Inschrift die Herren „H Thedinga, D Kock als Sylrigter sowie H. Stoltz als Sylbaas[42]". So steht es bis heute auf einer Nachbildung des alten Sieltores, die sich an der Südseite des Schöpfwerkes Nüttermoorer befindet. Der erwähnte „Sylbaas H. Stoltz" ist vermutlich **Harm Gerdes Stoltz** (1727-1785), Zimmerermeister, Holzhändler und Kaufmann aus Leer[43].

---

[41] Freese, Ostfries- und Harlingerland, S. 336.
[42] Ebd.
[43] OSB Leer (lutherisch), S. 1669, Nr. 14590A.

Das Siel- und Schöpfwerk Nüttermoor Foto H. Kok 2008

Das Siel von 1784 hat bis in die 1950er Jahre gehalten und wurde erst dann durch den Bau des Siel- und Schöpfwerkes Nüttermoor abgelöst, das von 1951-1953 erbaut wurde. Im Eingangsbereich des Gebäudes wurden die alten historischen Sielsteine integriert. Das alte Sieltor ist auf alten Familienfotos der Familie Willms noch zu sehen.

Das alte Sieltor von der Landseite aus fotografiert mit Hilkea Willms. Foto vor 1951

Dieser Ausschnitt aus der Schautafel der Sielacht Moormerland, die seit einigen Jahren am Schöpfwerk Nüttermoor steht, erzählt die Geschichte des alten Siels in vorbildlicher Weise. Foto H. Kok 2022

Anmerkung: Diese alten Fotos stellte mir freundlicherweise Georg Willms aus Leer zur Verfügung. Hilkea Willms (1925-1998) war seine Tante. Ihre Familie wohnte direkt neben dem Siel. Später war sie mit Gerhard Groninga (1924-2013) vermählt und lebte in Eisinghausen.

Hier steht Hilkea Willms im Badeanzug neben dem alten Tor. Die Kopfplatte mit der Inschrift ist gut zu erkennen. Foto vor 1951.

Die zweite Ehe von Harmannus Thedinga bleibt kinderlos. Am 28. Januar 1809 verstirbt Tryntje im Alter von 83 Jahren. Am 5. November 1810 segnet auch Harmannus Thedinga das Zeitliche. Die Wappen und Lebensdaten der beiden befinden sich, wie schon erwähnt, heute noch auf einer Steintafel an der Südseite der Kirche in Nüttermoor (Abbildung S. 11).

Der jüngere Bruder von Harmannus ist **(IV2) Johannes (Jannes) Thedinga**. Er heiratet am 4. Januar 1771 **Dedde Homfeld** (*1747, †30. Juni 1771), Tochter von **Engelke Homfeld** und **Christina Harms**). Ihr Vater Engelke stammt aus der recht bekannten Familie Homfeld aus Ditzum. Leider stirbt Dedde bereits am 30. Juni 1771.
Johannes heiratet am 22. Juni 1773 in zweiter **Ehe Anna Margaretha Cramer** (*1749 Quakenbrück, †9. Nov. 1792 Kloster Thedinga), Tochter von **Bernhard Cramer**. Sie haben zusammen acht Kinder:

1.	**(V1) Claas Hermann Thedinga**	*1. August 1774 in Kloster Thedinga, †ca. 1832/33 (Verheiratet mit Folmina Margaretha Sieveke/Syfken)
2.	Bernhard Thedinga	*16. November 1776 in Kloster Thedinga
3.	Margarethe Elisabeth Thedinga	*3. Mai 1779 in Kloster Thedinga
4.	Engelina Christina Thedinga	*27. Sepember 1781 in Kloster Thedinga, †15. Oktober 1781 in Kloster Thedinga
5.	Engel Christina Thedinga	*30. Juni 1782 in Kloster Thedinga, †2. August 1782 in Kloster Thedinga
6.	Engelina Catherina Thedinga	*14. Dezember 1783 in Nortmoor, †1842 in Norden (Verheiratet mit Justus Friedrich Steinbömer aus Norden)
7.	**(V2) Hermannus Thedinga**	* 3. Mai 1787 in Leer, † 30. Juli 1852 in Nüttermoor (Verheiratet mit Frauke Siccama Eysing/Eissing)
8.	**(V3) Johann Friedrich Thedinga**	*22. Juni 1790 in Leer (Verheiratet mit Tätje Margaretha Rykena)

Im Jahr 1778 befinden sich laut Brandkataster auf dem ehemaligen Klostergelände noch ein Hof im Eigentum der Familie von Harmannus Thedinga und zwei gehören Johannes Thedinga. Anna Margaretha Cramer stirbt 1792, im Alter von 43 Jahren. 1793 heiratet Johannes erneut, diesmal **Beate Magdalena Kettler** (*7. November 1753 Aurich, †10. Oktober 1821 in Logabirum), Tochter von **Georg Imanuel Kettler** (1707-1781) aus Hage und Frau **Anna Dorothea Fridag** (1716-1778).
Mit ihr hat Johannes drei Kinder, die aber nicht überleben.

1.	Sohn Thedinga	*24. Juni 1795 Nortmoor, †24. Juni 1795 Nortmoor
2.	Georg Immanuel Thedinga	*30. Dezember 1796 Nortmoor, † 19. Mai 1799 Nortmoor
3.	Christine Thedinga	*?, †?

J(oh)annes Thedinga wird als Erbgesessener zu Kloster Thedinga bezeichnet. Bereits 1783 zieht er mit seiner Familie nach Nortmoor und übergibt den Hof an den ältesten Sohn Claes Hermann Thedinga. Er erwirbt vom Grafen Clemens August von Wedel die Peldemühle am Deich in Loga und betreibt sie[44]. Er muss eine „Recognition", eine Art Anerkennungsgebühr, für die Mahlberechtigung seiner Mühle an die Domänenkammer in Aurich bezahlen. Da in Loga eine

---

[44] Vgl. Johann u. Maria Kobus, Die Mühlen in Loga, Leer, 2019, S. 58

weitere Mühle vom Pächter Berend Hinrichs Müller betrieben wird gibt es immer wieder Streit um die Mahlberechtigung und über die Höhe der Recognition.[45]

Ostfriesland erlebt von 1795-1806 eine kurze Blütezeit während der Neutralität Preußens. Wirtschaft, Handel und Schifffahrt nehmen einen großen Aufschwung, von dem auch die Familie Thedinga erfasst wird.

Seit dem Urbarmachungsedikt für Ostfriesland und das Harlingerland vom 22. Juli 1765 gilt ein Erlass des preußischen Königs Friedrich II. mit dem das Königshaus Preußen alle Landflächen mit nicht gesicherten Besitzrechten, insbesondere die noch nicht urbar gemachten Moorflächen, zum Eigentum des Staates erkor. Durch das Edikt waren alle nicht genutzten Flächen zum Staatsbesitz erklärt worden. Siedlungswillige konnten beim zuständigen Amt in Aurich ein Kolonat in gewünschter Größe beantragen. Der Erlass sollte die Moorkolonisierung fördern, ohne für neue Verkehrswege ausreichende Entwässerung zu sorgen. Es fehlte die Möglichkeit, für die Ansiedler einen Nebenverdienst zu bekommen. Das Urbarmachungsedikt richtet sich auch gegen die schon eingesessenen Bauern, die aufgrund des alten Aufstreckungsrechts[46] aus Sicht des Königs, zu große Flächen für sich einforderten. Die Hofbesitzer beanspruchten die Moorflächen hinter ihren Höfen nach dem alten Recht als ihr Eigentum.

Dieses Recht galt nach Ansicht der Erbpächter beim Thedinger Kloster auch für die Moorflächen östlich von Altschwoog im „königlichen Moorast". So kamen **(IV2) Johannes Thedinga** als Erbpächter des Thedingaer Klosters und **Abel Dirks Pollmann** (1750-1833) als Erbpächter des Grashauses Altschwoog darauf, kurz nach 1790 dort ein Fehn anzulegen. Sie erarbeiteten einen Plan und schrieben 1796 an die zuständige Behörde in Aurich:

Hinter den Ländereien des alt Schwooges und denen Veenhuser Privat Möhrten liegt ein großes Stück Königl. Morast, worin wir ein Vehn anzulegen wünschen, und bitten, daß uns dasselbe in Erbpacht gegeben und zu gemessen werden möge. Wir haben unsere Meinung nach billige Punctationes zu einem desfalligen Contract unterworfen, und legen solche bey, und wenn Ehm. Cammer dabey nichts zu erinnern finden sollten, so bitten wir einen Ingenieur den Auftrag zu ertheilen, die Gräntzen und die Größe dieses Moordistrikts auszumitteln. Es wird gebeten, daß dieses Geschäft beschleunigt werden möge, weil wir in diesem Jahre den Canal zu graben noch gesonnen sind, in Fall uns unser allerunterthanigsten Bitte zu gewähren geruhen sollten.

Johannes Thedinga und Abel D. Pollmann[47]

Die Angelegenheit zieht sich hin. Nach einigen Jahren Verhandlungen mit mehreren Briefwechseln und Prüfungen des Begehrens entscheidet die Königlich Preußische Ostfriesische Kriegs- und Domänen Kammer der Rentei in Leer am 16. Juni 1804 endgültig die Pläne abzulehnen. Somit zerschlägt sich die Gründung eines Fehnes östlich von Nüttermoor

---

[45] Diese Streitigkeiten werden im Einzelnen beschrieben bei: Johann u. Maria Kobus, Die Mühlen in Loga, Leer, 2019, S. 58, ff
[46] Plattdeutsch: Upstreeksrecht. Es bedeutet: „Vom Rand eines Moorgebietes ausgehendes, meist von Entwässerungsgräben begrenztes Flurstück, das nach dem Aufstreckungsrecht von einem Kolonisten zur eigenen Nutzung und Besitznahme so weit in das Moor hinein erschlossen werden konnte, bis es auf eine Grenze (Wasserlauf, Weg, Aufstreckung eines anderen Siedlers) stieß. Aufstreckungen wurden lediglich ihrer Breite nach vermessen, während die Längserstreckung so weit unbegrenzt blieb, wie Moor zur Kultivierung vorhanden war." Wassermann, Ekkehard, Aufstreckungssiedlungen in Ostfriesland. Ein Beitrag zur Erforschung der mittelalterlichen Moorkolonisation, Aurich 1985, S. 39, 42
[47] OSB Nüttermoor, S. 395

und die Antragsteller müssen ihre vorausschauenden Pläne aufgeben und das Moor bleibt unberührt.

1806 wird Ostfriesland das 11. Departement des Königreiches Holland und bleibt es bis 1810.[48] Holländische Truppen besetzen Ostfriesland. Besatzung und Steuern lasten auf der Bevölkerung. Von 1806-1813 verbieten französische und holländische Gesetze den Handel mit England. Schmuggler und Händler durchbrechen die Sperre zwar, aber strenge Kontrollen und schwere Strafen beenden den Schleichhandel.[49]

Von 1810-1813 ist Ostfriesland sogar eine Provinz des Kaiserreiches Frankreich. Französische Gesetze greifen in das Leben der Bevölkerung ein und Ostfriesen werden zum Militärdienst in der französischen Armee gezwungen. Anfang 1810 besetzen französische Truppen Holland. Kurze Zeit später marschieren einige Tausend französische Soldaten in Ostfriesland ein. Französische Beamte übernehmen die Verwaltung des Landes[50].

Im Brandschatzungsregister werden für die „Commune Thedinga" (Kloster Thedinga mit Neuhaus und Vorwerk) von 1812-1822 der eine Hof von **Hermannus Thedinga** und vier von **Johannes Thedinga** aufgeführt, die auf den Sohn **Claes Harms Thedinga** überschrieben wurden.

Von 1813-1815 wendet sich das Blatt langsam. Preußen erhebt sich gegen die Herrschaft Napoleons. In Ostfriesland geht die Fremdherrschaft zu Ende. Ostfriesland wird wieder eine preußische Provinz. Die Ostfriesen nehmen an den Befreiungskriegen teil.[51] Sehr zum Ärger der Ostfriesen tritt Preußen Ostfriesland an das Königreich Hannover ab. Trotz der vertraglichen Zusicherung werden die Privilegien der Stände von den Königen von Hannover nicht wieder eingeführt. An ihre Stelle tritt am 17. Juni 1817 eine Provinzialregierung für Ostfriesland, die dem Staats- und Kabinettsministerium direkt unterstellt ist. Die folgende Zeit ist neben rechtlichen Veränderungen von wirtschaftlichem Stillstand, teilweise sogar von Rückschritt für Ostfriesland geprägt[52].

1824 lässt Johannes sich bei dem Streit über seine Mühle in Loga vom Sohn Claes Hermann vertreten. Da die Geschäfte der Mühle aufgrund der Konkurrenz mit der anderen Mühle in Loga rückläufig sind, kommt Thedinga auch mit seinen Zahlungen in Verzug[53]. Doch dann stirbt Johannes Thedinga am 5. Mai 1829. Eine Einigung des Streits kommt erst 1830 durch eine Verordnung der Hannoverschen Domänenkammer in Aurich zustande. Aber die Mühle wird dann vom Sohn Claes Hermann verkauft.

Generation V

Der älteste Sohn **(V1) Claas Hermann Thedinga** übernimmt das Klostergut von seinem Vater Johannes Thedinga. Er heiratet ca. 1798 **Folmina Margaretha Sieveke/Syfken** (*1779 in Norden † 13.9.1859 in Leer)[54], Tochter des Landwirts **Anton Bernhard Sieveke** und **Elisabeth Eiken** aus Norden.

---

[48] Vgl. Wiki Ostfriesland.
[49] Vgl. Wiki Ostfriesland
[50] Vgl. Ebd.
[51] Ebd.
[52] Ebd.
[53] Vgl. Johann u. Maria Kobus, Die Mühlen in Loga, Leer, 2019, S. 60, f
[54] Vgl. OSB Nüttermoor Nr. 2584, OSB Loga Nr. 3459, OSB Nortmoor Nr. 2064.

Elf Kinder werden ihnen geboren:

1.	Anna Margaretha Thedinga	*9. September 1799 Kloster Thedinga, †6. September 1824. (Sie heiratet am 26. September 1818 in Leer Johann Hinrich Garrels (*26. August 1789))
2.	Anthon Bernhard Thedinga	*1. Dezember 1801 Kloster Thedinga, †29. September 1804 Ebd.
3.	Johannes Thedinga	*17. Mai 1804 Kloster Thedinga, †26. April 1812 Ebd.
4.	Elisabeth Thedinga	*20. Dezember 1805 Kloster Thedinga, †26. August 1806. Ebd.
5.	**(VI1) Anthon Bernhard Thedinga**	*25. November 1807 Kloster Thedinga, †27. November 1835 Ebd. (Er heiratet am 23. April 1832 in Loga Rikste Boumann (*8. Februar 1815))
6.	Elisabeth Albertina Thedinga	*27. Juni 1809 Kloster Thedinga. (Sie heiratet am 25. Juli 1830 in Leer Jean Nicholas Adolf Bentzen (*1803))
7.	Lina Catharina Thedinga	*1811 Kloster Thedinga, †13. Juli 1818 Ebd.
8.	Louise Christine Thedinga	*25. Februar 1812 Kloster Thedinga. (Sie heiratet am 11. April 1831 in Leer Christian Gerhard Peters)
9.	Engelina Catharina Thedinga	*25. Dezember 1812 Kloster Thedinga, †13. Juli 1818.
10.	**(VI2) Johann Heinrich Thedinga**	*25. Mai 1813 Kloster Thedinga, †1880 Dubuque, Iowa, USA. (Er heiratet am 4. Februar 1846 in Dubuque, Iowa, USA die gebürtige Schweizerin Maria Louisa Koepfle/Köpfli *1827).
11.	Hermann Friedrich Thedinga	*18 September 1814 Kloster Thedinga, †12. Juni 1822 Ebd.

Der Sohn **Hermannus Thedinga (V2)** wird am 3. Mai 1787 in Kloster Thedinga geboren. Er heiratet **Frauke Siccama Eysing**, die Tochter von **Sicco Siccama Hinrichs Eysing** und **Foelke Hinrichs Ibelings**, am 7. Mai 1807 in Nüttermoor (Neuhaus). Sie wird am 11. Apr 1787 in Amdorf geboren und verstirbt am 07. Mai 1860 in Nüttermoor. Hermannus Thedinga und Frauke Siccama Eysing haben folgende Kinder:

1.	Catharina Beata Thedinga	*23. April 1808 Wiltshausen, †17. September 1809 Wiltshausen.
2.	Fohlke Thedinga	*17. April 1809 Wiltshausen, †13 Juni 1809 Wiltshausen.
3.	Johann Bernhard Thedinga	*23. April 1810 Wiltshausen, †6. Juli 1870 Nüttermoor (Neuhaus).
4.	Foelkelina Margaretha Thedinga	*9. April 1812 Wiltshausen, †26. Oktober 1812 Wiltshausen.
5.	Sicco Heinrich Thedinga	*14. Oktober 1813 Nüttermoor, †16. Nov. 1882 in Nüttermoor. (Er heiratet Moderina Magaretha Eysing am 26. Mai 1843 in Wolde (*1816 Wolde †1888 in Nüttermoor))
6.	Sephan Hermann Thedinga	*2. Februar 1816 Nüttermoor (Neuhaus), †25. Okt. Nordmmoor. (Er heiratete (1) Wolbrechtdina Gepkelina Rindelts am 1. Juni 1847 in Nortmoor (*1820 Nortmoor, 1852 Nortmoor) Er heiratete (2) Frauke Metha Rindelts am 5. August 1854 in Nortmoor (*1823 Nortmoor, †1896 Nortmoor))
7.	Johann Friedrich Thedinga	*24. Mai 1818 Nüttermoor, †24. Januar 1819 Nüttermoor.
8.	Johann Friedrich Thedinga	*24. Dezember 1819 Nüttermoor, †19. Dez 1893 Jemgumer Fähre. (Er hat Janna Heyenga geheiratet (*1845 Bljham, Bellingwedde, †1914 in Jemgumer Fähre)) Landwirt zu Neuhaus und Jemgumer Fähre
9.	Anna Margarethe Elisabeth Thedinga	*3. Mai 1822 Nüttermoor, †14. Mai 1823 Nüttermoor.
10.	Foelke Margarethe Elisabeth Thedinga	*7. November 1824 Nüttermoor, †1. August 1827 Nüttermoor.

Hermannus Thedinga wird im OSB Nüttermoor als „Huisman, Landwirt op het Nieuve Huis"[55] (Hausmann, Landwirt zu Neuhaus) bezeichnet. Dort bewirtschaftet er ab 1812/13 den Hof Neuhaus des ehemaligen Klosters. Dieser Teil der Familie Thedinga bleibt dem Dorf Nüttermoor durch den Sohn Johann Friedrich Thedinga vorerst erhalten.

Der Sohn **(V3) Johann Friedrich Thedinga** wird am 22. Juni 1790 in Kloster Thedinga geboren. Er heiratet Theda Margaretha Rykena, die Tochter von Stephan Adolf Rykena und Stientje Berends Cramer, am 28. April 1810 in Norden. Sie wird am 29. Mai 1788 in Norden geboren. Sie verstirbt in Norden.

Johann Friedrich Thedinga und Theda Margaretha Rykena haben folgende Kinder:

1.	Johannes Adolph Thedinga	*21. Dez. 1810 Norden, †26. März 1857
		(Er hat Juliane Hinrica van Lengen geheiratet.)
2.	Christine Margarethe Thedinga	*26. Oktober 1812 Norden, †18. Dez. 1871 Norden.
		(Sie heiratete Arend Wilhelm Steinbömer, den Sohn von Justus Friedrich Steinbömer und Johanna Magdalena Henriette Hoppe am 09 Jun 1837 in Norden (*1811 Norden, †1888 Norden))
3.	Hermann Eduard Hajo Thedinga	*1819 Norden, †30. August 1904 Berlin
		(Er heiratete Francina Helena Ulffers nach 1848.)
4.	Hermann Bernhard Thedinga	*6. April 1821 Loga, †12. März 1902 Varel
		(Er heiratete Johanna Elise Wilhelmina Ohmstede, die Tochter von Christoph Nicolaus Ohmstede und Elisabeth Catharina Pape, am 24. Mai 1850 in Lingen (*1826 Varel, †1905))
5.	Johann Friedrich Thedinga	*30. November 1822 Loga
6.	Ludwig Theodor Thedinga	*30. August 1824 Loga, †2. Mai 1826 Loga.
7.	Diederich Hildebrand Thedinga	*31. Januar 1826 Loga, †24. März 1827 Loga.
8.	Theodor Diederich Thedinga	*11. Mai 1828 Loga, Jever
		(Er hat Margaretha Elizabeth von Lengen geheiratet (*1826 Norden))

Johann Friedrich Thedinga (V3) wird als Kaufmann, Mühlenbesitzer und Lohgerber zu Norden bezeichnet. Er verstirbt im Jahr 1871 in Norden. Er ist der Begründer des Norder Zweiges der Familie.

Von 1823-1834 werden in den Listen der Brandkasse, bei der sich seit der Zeit der französischen Besatzung immer noch die Bezeichnung „Commune Thedinga" hält, zwei Höfe für **Hermannus Thedinga (V2)** in Neuhaus gelistet, für **Claes Harms Thedinga (V1)** sind es sechs

---

[55] OSB Nüttermoor, Nr. 2586, S. 394

im Kloster Thedinga und drei in Altschwoog und Umgebung, zwei von Abel Dirks Pollmann erworbene und einen weiteren dort angesiedelten Hof.

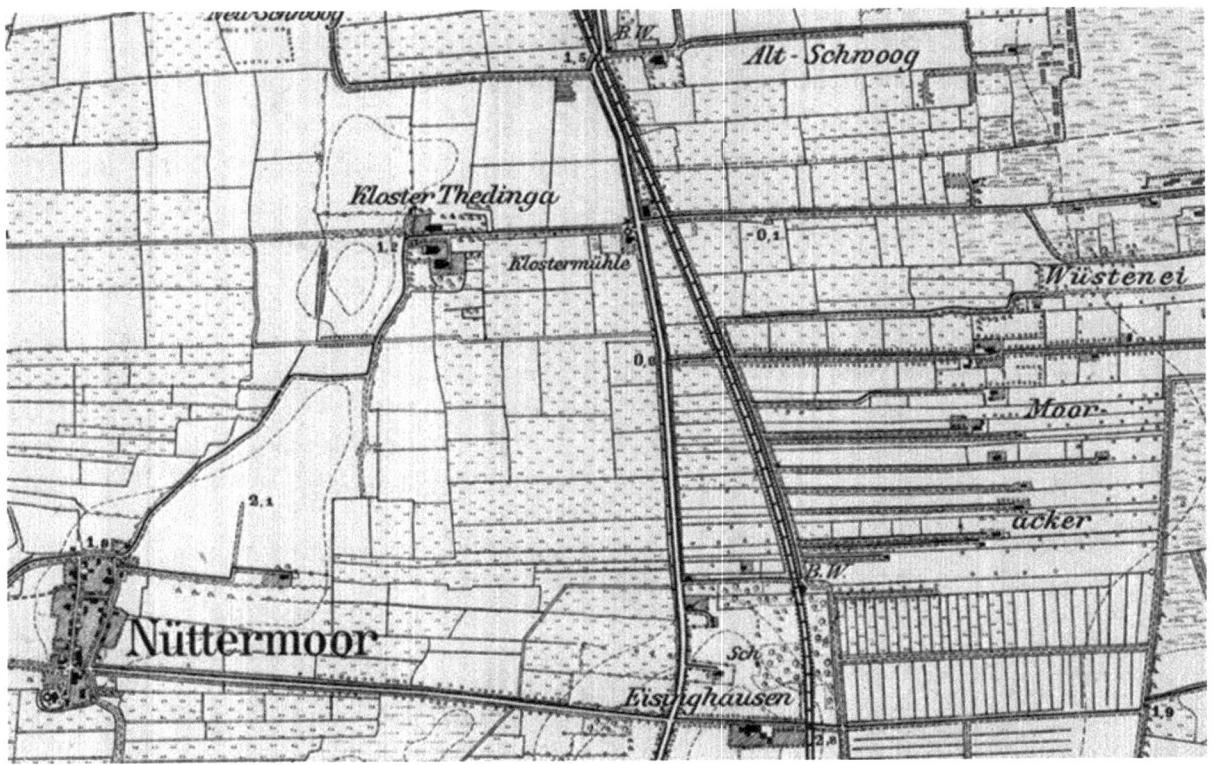

Karte der preußischen Landaufnahme von 1898 mit dem Umfeld des ehemaligen Klosters. Zu der Zeit befanden sich dort noch drei Bauernhöfe aus der Zeit von 1764-1787, die bis heute dort zu finden sind.

Generation VI

Die Situation der Familie von Claes Harms Thedinga vom Kloster Thedinga ist in all diesen Wirren der Zeit auch nicht ohne Leid und Veränderung. Viele ihrer Kinder sterben weiterhin früh. Die Töchter **Anna Margaretha, Elisabeth Albertina und Luise Christine** allerdings überleben die Eltern und heiraten jeweils Kaufleute. Sie erreichen damit eine wirtschaftliche Basis unabhängig von ihren Eltern und verlassen den Heimatort Nüttermoor.

Anthon Bernhard Thedinga bleibt auf dem Klostergut und bewirtschaftet den väterlichen Hof. Sein Vater Claas Hermann ist mittlerweile ein einflussreicher Mann. Er wird „Hausmann und Gutsbesitzer zu Kloster Thedinga" genannt. Im Jahr 1826 wird er zum Administrator des dritten Standes der Ostfriesischen Landschaft ernannt. Dieses Amt übt er bis zu seinem frühen Tode am 25. März 1833 aus. Sein Ableben trifft die Familie hart, da jetzt die Besoldung von 400 Thalern ausbleibt. In ihrer Not wendet sich die Witwe Thedinga 1833 mit einem Pensionsgnadengesuch an das Königshaus Hannover. Sie erhält folgende aktenkundig gewordene Antwort vom Vice-König:

Fünftes Postscript Seiner Königlichen Hoheit des Vice-Königs und des Königlichen Cabinets-Minister vom 5ten December 1833, die Bewilligung von Pensionen für […] die Wittwe des weiland landschaftlichen Administrators Thedinga betreffend. […] Auch hat die Wittwe des landschaftlichen Administrators Thedinga bei Uns um die Bewilligung einer Pension nachgesucht. Der Verstorbene hat die Stelle eines Administrators vom dritten Stande der

Ostfriesischen Landschaft seit dem Jahre 1826 bekleidet und eine Besoldung von 400 Thalern genossen. Er hat nach den Uns vorliegenden Nachrichten, das Unglück gehabt, sein eigenes und seiner Frau nicht unbeträchtliches Vermögen während seiner Ehe einzubüßen, so daß sich die letztere mit einem noch unversorgten Sohne in sehr verwickelten Vermögensverhältnissen und bedrängten Umständen befindet. Wir tragen daher für die Wittwe des Administrators Thedinga, auf die Bewilligung einer Gnadenpension von = 100 Thalern hiermit an. Wie in Unserm heutigen Schreiben. Hannover, den 5ten December 1833.

Der Vice-König und das Königliche Cabinets-Ministerium[56]

Was damals konkret passiert ist, konnte bislang nicht ermittelt werden. Die Lebensumstände der Familie Thedinga bleiben aber weiterhin schwierig. Am 27. November 1835 stirbt der letzte auf dem Klostergut verbliebene Sohn **(VI1) Anthon Bernhard Thedinga** und hinterlässt seine Frau **Rikste (geb. Boumann)** mit dem erst am 15. April des Jahres 1835 geborene Sohn **Claas Hermann**. Die Tochter **Geertjedina Friederika** (*31.7.1832) ist bereits am 26. August 1835 im Alter von 28 Monaten gestorben.

Im Jahr 1842 ergibt sich für die Erben von Claas Hermann Thedinga die Gelegenheit zum Verkauf des Klostergutes mit allen Höfen an **Ernst Friedrich Moritz von Inn- und Knyphausen**. Bereits im Jahr 1823 übernimmt dieser von seinem Vater[57] die Harderwykenburg in Leer, das „erste Haus" in Leer, was ihm die Mitgliedschaft im Ritterschaftskollegium in Aurich verschafft. Er erwirbt 1842 von seinem Abfindungsteil, den er für seinen Verzicht auf das Rittergut „Herrlichkeit Jennelt"[58] bekam, das Klostergut Thedinga von der Witwe Thedinga für 33500 Rtl. Gold.[59] Er nennt sich fortan „Herr zu Leer und Thedinga". 1853 mietet er zusätzlich das Gutshaus Bollinghausen bei Leer, das seit 1820 über eine Landtagsstimme verfügt, von der Familie **von Suckow** als Wohnsitz, wo er bereits 1854 verstirbt.[60] Die Höfe und die Ländereien werden verpachtet.

Damit endet die Zeit der Familie von Claas Hermann Thedinga als größter Eigentümer auf dem ehemaligen Klostergut Thedinga. Ein Zweig der Familie bleibt noch dort als Pächter einer Hofstelle. Als weitere Pächter sind Heinrich Lübbers (1831-1923), Weie Bunger (1843-1917), Klaas Eildert Ohling (1850-1927) und Gerd Fröhling (1836-?) als „Verwalter von Kloster Thedinga" bekannt. Später pachtet die Familie von Nanno Hedde Heddens (1888-1947) den alten Hof von 1764.

Johann Friedrich Thedinga, Sohn von Hermannus Thedinga und Frauke Siccama Eysing, bleibt in Nüttermoor und wird Landwirt zu Neuhaus und Jemgumer Fähre. Seine Familie bleibt dem

---

[56] Acten-Stücke der fünften allgemeinen Stände-Versammlung des Königreichs Hannover, enthaltend die Königlichen Propositionen und Ministerial-Schreiben, so wie die ständischen Anträge und Antworten, Erste Diät, Hannover, in Commission der Hahnschen Hofbuchhandlung 1834., S. 131, f, digitalisiert gefunden bei google books 9/2011:
http://books.google.de/books?id=7StVAAAAYAAJ&dq=thedinga&hl=de&pg=PA132#v=onepage&q=thedinga&f=false
[57] Carl-Gustav Freiherr zu Innhausen und Knyphausen, preußischer Kammerherr in Berlin und jüngerer Bruder des Lütetsburger Grafen Edzard Moritz, ersteigerte die Burg von der Familie von Schilling.
https://de.wikipedia.org/wiki/Harderwykenburg.
[58] Das Dorf Jennelt gehört zur ostfriesischen Gemeinde Krummhörn. Siehe auch: https://de.wikipedia.org/wiki/Jennelt
[59] vgl. Udo von Alvesleben, Die Lütetsburger Chronik, Göttingen, Wallstein-Verlag, 1988, S. 208, f
[60] vgl. ebd.

Dorf zunächst erhalten. Sie bewirtschaften Höfe in Neuhaus, Nüttermoor und in Jemgumer Fähre.

Etliche andere Angehörige der Familien verlassen bereits früh das Dorf und finden sich weit verzweigt, sowohl in Ostfriesland (Leer, Loga, Nortmoor, Lingen, Norden, Aurich usw.) als auch in der neuen Welt wieder. Der letzte 1842 noch lebende Sohn, **(VI2) Johann Heinrich Thedinga** (*25.5.1814) ist gescheit, soll eigentlich Jura studieren und kommt deshalb in den Genuss einer guten Schulbildung. Aber 1832, im Alter von 18 Jahren, beschließt er, aufgrund seines schlechten Gesundheitszustandes, mit Zustimmung seines Vaters und beeinflusst durch seine drei Schwager, die alle Kaufleute sind, das Studium aufzugeben und ebenfalls Kaufmann zu werden. 1832 reist er nach Amsterdam und nimmt eine Art Lehrstelle im Kontor seines Schwagers an, wo er bis 1835 bleibt. Noch im selben Jahr reist er in die Vereinigten Staaten[61]

John H. Thedinga
http://www.encyclopediadubuque.org/images/e/e4/ThedingaJH.jpg.

zu seiner Schwester **Elisabeth Albertina**, die in St. Louis bereits ein Jahr zuvor mit ihrem Mann **Jean Nicholas Adolf Bentzen** ein Geschäft eröffnet hat. Aber statt wie vorgesehen, nach Europa zurück zu kehren, beschließt er, dort zu bleiben.

Er ist zunächst am Geschäft seines Schwagers in St. Louis beteiligt (J.N.A. Bentzen & Co), doch schon bald ist diese Partnerschaft wieder gelöst. Johann Heinrich, der sich jetzt **John Henry** nennt, kommt mit einem jungen russischen Partner, Herrn Konopka, nach Dubuque in Iowa, und eröffnet einen Laden (Shop) in Peru, damals ein blühendes Dorf, ein paar Meilen nördlich von Dubuque. Die beiden beginnen im Frühjahr 1837 mit dem gemeinsamen Geschäft.

1838 kehrt Johann Heinrich allerdings noch einmal nach St. Louis zu seinem Schwager zurück. Im Jahre 1839 kommt er abermals nach Dubuque und fängt dort mit einem neuen Geschäft in Kooperation mit seinem Schwager Jean an. Fortan bleibt er in Dubuque und ist in verschiedenen Geschäftsbeziehungen als Händler tätig.

Generation VII

Im Jahre 1846 heiratet John H. Thedinga **Maria Louise Köpfli (genannt Koepfle)**, aus der Schweiz stammend. Mit ihr hat er dreizehn Kinder (vier Söhne und neun Töchter), [62] von denen ich nur 2 Söhne und 8 Töchter ermitteln konnte.

1.	**(VII1) Nicholas Hermann Thedinga**	*28. März 1847 Dubuque, †20. Juli 1938 Seatte
2.	Mary Louise Thedinga	*1849 Dubuque, †26. Januar 1886 Durango
3.	Lisette A. Thedinga	*5. Januar 1851 Dubuque, †1. Januar 1944 Ebd.
4.	Lena Johanna Thedinga	*April 1853 Dubuque, †6. Januar 1938 Ramsey
5.	John Henry Thedinga	*5. Juni1857 Dubuque, †23. Januar 1945 Los Angeles

---

[61] Gale Research, Passenger and Immigration Lists Index, 1500s-1900s (Provo, UT, USA: The Generations Network, Inc., 2006), Database online.
[62] Vgl. 1880 Dubuque County Biographies.

6.	Alvina A. Thedinga	*Mai 1861 Dubuque, †11. März 1941 Ebd.
7.	Louisa Thedinga	*1863 Dubuque, †1900 Ebd.
8.	Clara Bernice Thedinga	*26. Oktober 1866 Dubuque, †30. Apr 1942 Ebd.
9.	Anna Clara Thedinga	*1867 Dubuque, †1958 Ebd.
10.	Etta Rosalie Thedinga	*9. August 1872 Dubuque, †12. Februar 1960 Evanton, Cook, Illinois

Er unterhält mehrere sog. „Offices of honor and trust" (Ehrenamt und Treuhand), 1844 wird er zum Stadtrat von Dubuque gewählt, 1845 und 1846 wiedergewählt. Im Jahr 1850 bestell man

J.H. Thedinga House in Dubuque
https://upload.wikimedia.org/wikipedia/commons/1/1d/The_J.H._The_dings_House.jpeg.

ihn als eine Art Landrat. Ab 1847 ist er Mitglied im Ausschuss für alle Landansprüche, bestehend aus 25 Bürgerinnen und Bürgern, im Minen-Bezirk von Dubuque für den Verkauf von Land.

Folgende Schilderung dazu fand sich in den Reiseschilderungen Heinrich Boßhards über Amerika: „Viele Landbesitzer in diesen Mineralgegenden sind, ohne jemals zu graben, bloß durch den Ertrag des fünften Theils der Erze, welche Andere auf ihrem Eigenthum entdeckten und ausbeuteten, sehr wohlhabend geworden. Herr Thedinga, ein wegen seiner Rechtlichkeit sehr beliebter Mann, kaufte aus idealer Liebe zur Landwirtschaft zwei Stunden von Dübüque eine Farm; bald fühlten dessen Lehenleute Lust, in müssigen Stunden nach Erz zu graben, was mit außerordentlichem Glück geschah, so daß Herrn Thedinga in kurzer Zeit unverhoffte Reichthümer zuflossen."[63]

Folgende schreckliche Geschichte widerfährt ihm am Samstagabend, dem 11. Januar 1851. Er ist in seinem Lebensmittel- und Drogeriegeschäft allein mit seinen zwei Angestellten. Einer der beiden, mit dem er sogar gut befreundet ist, arbeitet in der Drogerie-Abteilung in scheinbar guter Stimmung. Er stellt Schwefelsäure in einem Topf auf den Herd und erhitzt diese bis zum Siedepunkt. Dann schleudert er plötzlich den Inhalt des Topfes in das Gesicht von John H.

---

[63] Heinrich Boßhard (Hrsg), Zweite Reise: Schilderungen aus Amerika, eine Monatsschrift, Band 2, Zürich 1860, S.75, ff

Thedinga. Dessen Qual ist schier unerträglich, als die Säure sich ihren Weg ins Fleisch brennt und eine der beiden Augäpfel zerfrisst. Außer sich vor Schmerzen, läuft John zur Tür, „Mörder!" schreiend und sackt auf dem Bürgersteig nieder.[64]

Sobald klar wird, was geschehen ist, herrscht eine große Aufregung, die Glocken läuten und die ganze Stadt wird durchsucht, um den Täter zu finden. Er kann in dieser Nacht nicht gefunden werden, aber am nächsten Morgen wird er tot in einem Stall in der Nähe entdeckt: Er hatte Selbstmord durch Strychnin begangen.

John H. Thedinga ist dem Mann nicht böse, der ihm so irreparable Verletzungen zugefügt hat. Der letzte Eintrag im Tagebuch des Mannes war: „Seltsam, dass ich das tun konnte, meinem besten Freund eine so schreckliche Verletzung zuzufügen". Im Jahre 1852 gibt John H. sein Handelsgeschäft wieder auf, da er sein Augenlicht fast eingebüßt hatte.

Von 1852-54 ist John H. Thedinga zunächst Friedensrichter in Dubuque und im Jahre 1858 Mitglied des „Board of Education". An welcher Position er auch immer ist, er wird ohne Opposition wiedergewählt. 1861 wird er Vorsitzender des „Board of Supervisors", und 1862 und 1863 Bürgermeister der Stadt Dubuque. Er ist somit der erste deutschstämmige Bürgermeister der Stadt.[65]

Als im Herbst 1864 die „Deutsche Sparkasse" (später „Deutsche Bank") in Dubuque gegründet wird, wird er zum Präsidenten gewählt und bleibt an der Spitze dieser Institution bis zu seinem Tod.[66]

Als Mitglied des „Board of Education", für die er für viele Jahre Vorsitzender des Finanzausschusses ist, ist es seinen Fähigkeiten zu verdanken, dass vor allem die Schule, finanziert von der Stadt Dubuque, in einen guten Zustand versetzt wird. Er stirbt am 13. Dezember 1876, im Alter von 62 Jahren und 6 Monaten.

Nicholas Hermann Thedinga, der älteste Sohn von John Henry, wächst in Dubuque auf und erhält eine kaufmännische Ausbildung. Er betreibt dann einen kleinen „Hardware-Store". Bereits im Jahr 1872 baut er den

Die Deutsche Bank in Dubuque (German Bank)
https://www.encyclopediadubuque.org/index.php/File:DSC01084_1.jpg

---

[64] Vgl. 1880 Dubuque County Biographies
[65] Vgl. Ebd.
[66] 1880 Dubuque County Biographies

Haus von Nicholas H. Thedinga in Dubuque
Foto: https://www.encyclopediadubuque.org

Nicholas H. Thedinga im gesetzten Alter.
Foto: Ancestry.com

Store zu einem großen Handelsgeschäft aus. Im Mai 1876 verheiratet er sich mit **Louise Ryhiner** (*Februar 1854 in Illinois), Tochter von **Dr. Ryhiner**, aus Highland in Illinois.

Sie haben vier Kinder zusammen:

1.	Fredrick W. Thedinga	*Juli 1862 Iowa, † 26. Mai 1959 Staat Washington (Verheiratet mit Edith Ione Austin (*27. November 1866))
2.	Ilda Josephine Thedinga	*22. Juli 1877 Iowa, †30. September 1976 Seattle
3.	Henry Herman Thedinga	*8. September 1881 Iowa, † 12. Mai 1949 Seattle (Verheiratet mit Netty Merrit (*1886))
4.	Elsa J Thedinga	*November 1886 Iowa

1883 wird ein stattliches Haus aus roten Ziegeln im „Second Empire Stil" von Nicholas Thedinga, dem Sohn des ersten deutschstämmigen Bürgermeisters von Dubuque erbaut, im modischen und eleganten Viertel von Jackson Park (Thedinga, J. H., House 340 W. 5th St. Dubuque, Iowa). Das Schieferfliesen-Mansardendach ist im „Eastlake-Stil" eingedeckt. Bis auf die 1912 angebaute Veranda ist das Haus nahezu unverändert erhalten geblieben.

Zunächst ist Monroe seine Heimat. Ab 1906 betreibt er dort mit seinem Sohn Frederik (Fred) eine Firma. Den größten Teil seiner aktiven Jahre verbringt er dort in seinem Geschäft.

Im Jahr 1889 zieht es Nicholas H. Thedinga nach Seattle und er beginnt dort mit einem „Hardware" Geschäft, also einer Art Baumarkt, wie wir sagen würden. Im Jahr 1898 ist er dort oben im Norden der USA bereits gut etabliert, als der große Goldrausch in Alaska beginnt. Er kann davon gut profitieren, da er den Goldsuchern die komplette Ausrüstung für die Reise und das Goldschürfen in Alaska verkauft. Der große Trail der Glücksritter bis zum Yukon beginnt dort in Seattle. Die Firma floriert so gut, dass das folgende Foto auch Eingang in öffentliche

Unterrichtsmaterialien der USA findet. Nicholas H. Thedinga stirbt 1938 als anerkannter „Hardware-Händler" friedlich in Seattle.

Thedinga Hardware Store in Seattle

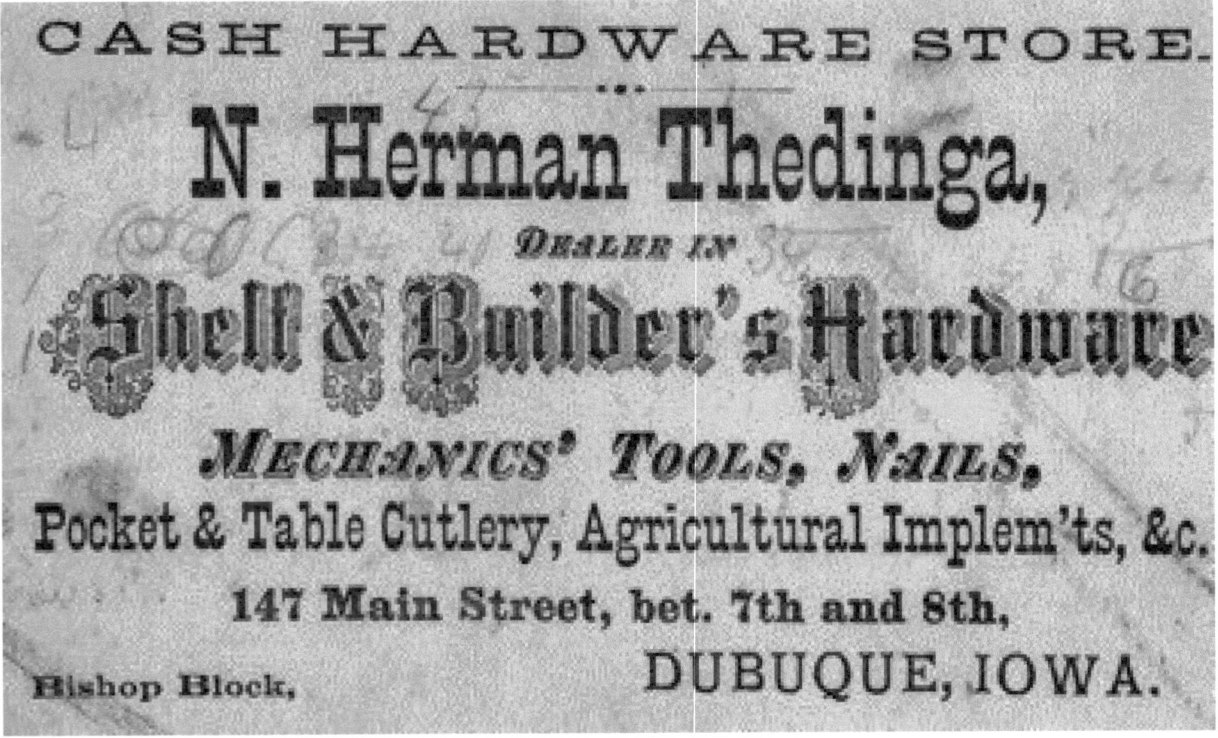

Anzeige Thedinga aus Dubuque

ZUR FAMILIE KOK AUS NÜTTERMOOR

Generation I

Der älteste bekannte Vorfahr der Familie Kok aus Nüttermoor ist **(I1) Detert**[67] **Tönjes** (*ca. 1650-1670 in Nüttermoor, †27. April 1700 in Nüttermoor). Sein Vater **Tönjes** ist nicht im OSB vermerkt und weitere Vorfahren somit vorerst nicht aufzufinden.

Er heiratet am 25. April 1680 **Triene Eylers** aus Holtland. Es gibt leider keinen Hinweis auf die Lebensdaten der Triene Eylers. Vermutlich ist sie zwischen 1660 und 1680 geboren. Das OSB Nüttermoor listet nur zwei Söhne (Zwillinge) auf.

Wappen Kok aus Archiv Kronsweide

1. **(II1) Tönjes Deterts**[68] *14. Mai 1700 in Kloster Thedinga, †nach 1760 in Nüttermoor
2. **(II2) Detert Deterts** *14. Mai 1700 in Kloster Thedinga, †7. Oktober 1738 in Neuhaus, Nüttermoor

Noch bevor die Zwillinge zur Welt kommen, stirbt Detert Tönjes.

Generation II

Der Sohn **(II1) Tönjes Deterts** heiratet am 21. Juni 1718 in Nüttermoor **Eyke (Eke, Eucke) Jochems / Jochums** (*8. Sep. 1700 in Nüttermoor, †22. Okt. 1759 in Nüttermoor), Tochter von Kirchenvogt **Jochen Wyarts** (?-1711) aus Nüttermoor und **Janntjen Lübbers** (?-1721) aus Bollinghausen. Sie werden 1719 in der Kopfschatzung erwähnt, als Pächter für ¼ des Thedingaer Klosters[69] und in der Kopfschatzung 1756 wird „Tönjes Deters" mit seiner Frau „Eecke Jochems" als mittelmäßiger Warfsmann[70] erwähnt. Für die beiden sind keine Kinder aufgelistet.

Der zweite Sohn **(II2) Detert Deterts** heiratet am 25. April 1723 **Antje Gerrits** (*ca. 1700 in Dreehusen, †29. Okt. 1770 in Nüttermoor), Tochter von **Gerrit (Gerjet) Sybens** (?-1722) aus Dreehusen. Detert wird 1719 als Knecht von Harmen Dirks auf dem Kloster Thedinga erwähnt[71]. Dethert wird später als Landwirt und Hofbesitzer zu Kloster Thedinga bezeichnet. Er ist, so wie es aussieht, zunächst Pächter auf dem Kloster Thedinga. Ab 1733 bewirtschaftet er den Hof „Neuhaus" des ehemaligen Klosters. Es werden 7 Kinder geboren, davon die letzten drei in Neuhaus.

1. Gerjet Deterts *27. Apr. 1724 Kloster Thedinga, †28. Mai 1756 Nüttermoor (Verheiratet mit Enneke Hindriks)
2. Deetert Deterts *3. Jan. 1726 Kloster Thedinga, †vor 26. Jan. 1736 Ebd.
3. Schaimke Deterts *20. Jan. 1728 Kloster Thedinga, †15. Sep. 1733 Ebd.
4. Harm Deterts (Kok) *7. Nov. 1731 Kloster Thedinga, †7. Juli 1761 Nüttermoor (Verheiratet mit Tryntje Remmers)

---

[67] Der Name Detert wird teilweise auch als Dethert geschrieben.
[68] Der Nachname Deterts wird auch als Detherts oder Deters geschrieben.
[69] Kopfschatzung 1719, S. 308.
[70] Kopfschatzung 1756, S. 192.
[71] ebd.

5.	Siamke Deterts	*19. Mai 1734 Neuhaus, †?
6.	**(III1) Detert Deterts Kok**	*26. Jan. 1736 Neuhaus, †30. Jan. 1805 Nüttermoor
		(Verheiratet mit I Taalke Claassen Thedinga *6 Mai 1736 Kloster
		Thedinga, II Mettje Harms Waten, *14. März 1735 Nüttermoor)
7.	Taalke Deterts	12. Apr. 1738 Neuhaus, †?

Generation III

Der jüngste Sohn, **(III1) Detert Deterts Kok**, trägt das rechts oben abgebildete Wappen, und führt als erster den Namen Kok. Er ist somit der älteste nachgewiesene Kok aus Nüttermoor. Detert Detherts Kok und **Taalke Claassen Thedinga** leben zunächst bis ca. 1765 in Neermoor. Ab etwa 1766 müssen Sie zurück nach Nüttermoor gezogen sein. Er wird als Landwirt, Hofbesitzer, Sielrichter und Armenvorsteher zu Nüttermoor bezeichnet. Er ist, wie oben bereits berichtet, 1784 als Sielrichter beteiligt am massiven Neubau des Nüttermoorer Siels. Detert Detherts Kok und Taalke Thedinga haben zusammen 7 Kinder.

1.	Klaas Kok	*20. Oktober 1762 Neermoor, †vor 1764
2.	**(IV1) Klaas Deterts Kok**	*11. Februar 1764 Neermoor, †06 Okt 1821 in Bunderhee
		(Verheiratet mit I Tjake Jans, II Voske Everts Nannen,
		III Eike Wiards Brons)
3.	Antje Deters Kok	*13 Sep 1766 Nüttermoor, †16 Jan 1814 Nüttermoor
4.	Tryntje Deters Kok	*02 Apr 1769 Nüttermoor, †22 Nov 1786 Nüttermoor
5.	**(IV2) Gerjet Deters Kok**	*27 Jan 1772 Nüttermoor, †25 Jun 1849 Eppingawehr
		(Verheiratet mit Antje Heeren Kromminga)
6.	Talea Kok	*12 Nov 1774 Nüttermoor, †
		(Verheiratet mit Joannes Brons, Prediger)
7.	Kind Kok	*1 Dez 1776 Nüttermoor, †1 Dez 1776 Nüttermoor

Taalke Thedinga verstirbt am 12. Jan. 1777, wohl in Folge der Totgeburt ihres letzten Kindes. Am 26. Nov. 1783 heiratet Detert Deterts in 2. Ehe **Mettje Harms Waten** (*14. Mrz. 1735 in Amdorf, † 10. Aug. 1828 in Nüttermoor). Diese Ehe bleibt kinderlos.

Generation IV

Der zweite Sohn, **(IV1) Klaas Deterts Kok**, verheiratet sich in Nüttermoor am 26. Nov. 1783 in erster Ehe mit **Tjake Jans** (*21. Mrz. 1764 in Nüttermoor, † 10. Okt. 1784 in Nüttermoor). Sie bringt eine Tochter zur Welt.

1.	Talea Klaassen Kok	* 25 Sep 1784 in Nüttermoor, † 17 Nov 1842 in Nüttermoor
		(1802 verheiratet mit Bruno Hopkes Smit aus Bunde)

Kurz nach der Geburt der Tochter stirbt Tjake. Am 5. Juni 1788 vermählt Klaas Deterts sich in zweiter Ehe mit **Voske Everts Nannen**[72] (*17. Januar 1769 Bunderhee, †23. März 1800), Tochter von **Evert Esderts Nannenga** und **Ida Goeken**. Sie ziehen ca. 1791/92 nach Bunderhee.

Der zweiten Ehe entstammen 6 Kinder.

1.	Sohn Kok	* 05 Feb 1789 Nüttermoor, † 05 Feb 1789 Nüttermoor
2.	**(V1) Evert Esderts (Nanninga)**	* 24 Jan 1790 Nüttermoor, † 08 Mai 1870 Midwolda, NL

---

[72] „van de Hooge Hee onder Bonda gehörig", OSB Nüttermoor Nr.1600.

		(Verheiratet mit I Sjambina Müntinga, II Anje Tonkes Tonke)
3.	**(V2) Detert Klaasen Kok**	* 15 Apr 1793 Bunderhee, † 20 Aug 1826 Bunde
		(Verheiratet mit I Hilke Dirks Schulte, II Lammert Tobias Hensmann)
4.	Ida Klaasen Kok	* 03 Aug 1795 Bunde, † 26 Mai 1868 Bunde
		(Verheiratet mit Diddo Siebels Diddens)
5.	Harmannus Kok	* 05 Okt 1798 Bunderhee, † 08 Dez 1799 Bunderhee
6.	Tochter Kok	* 25 Feb 1800 Bunderhee, † 25 Feb 1800 Bunderhee

Foske Everts Nannen, die zweite Frau von Klaas Deters Kok, stirbt bereits am 23. März 1800 in Bunde. Im Jahr 1808 pachtet Klaas Deterts Kok für 1720 Reichstaler jährlich die 120 Diemat große Domäne Georg-Albrechtsburg zu Charlottenpolder. Er verheiratet sich kurz danach in dritter Ehe vor 1810 mit **Eike Wiards Brons** (*14. Feb. 1766 Bunde, † 18. Mrz. 1844 Bunde). Dieser Ehe entstammt:

1.	**(V3) Wiard Lodewyk Brons Kok**	*18 Nov 1810 Süder Christian Eberhards Polder, † 17 Okt 1884 Bunderhee (Verheiratet mit Aulina Daniels Gruis aus Böhmerwold).

Klaas Deterts Kok verstirbt am 6. Oktober 1821 in Bunderhee. Er wird als Landwirt, Pächter, Hofbesitzer und Hausmann zu Bunde bezeichnet und stellt den Ursprung des Bunder Zweiges der Familie Kok dar.

Generation V

Der älteste Sohn heißt nach der Mutter **(V1) Evert Esderts Nanninga** (1790-1870), er verheiratet sich am 28. Mai 1808 in Midwolda, NL, mit **Sjambina Müntinga** (1788 – 1817). Seine Nachkommen nehmen den Namen Müntinga als Familiennamen an. In zweiter Ehe heiratet er am 3. Dez. 1817 in Midwolda **Anje Tonkes Tonkes**.

(V2) Detert Klaasen Kok (1794-1828) verheiratet sich mit **Hilke Dirks Schulte** (1794-1871), der Tochter von **Dirk Peters** und **Grietje Steerenborg** aus St. Georgiwold. Ihre Ehe bleibt kinderlos. Nach dem Tod ihres Mannes Detert verheiratet sie sich in Bunde am 22. April 1828 in der zweiten Ehe mit **Lammert Tobias Hensmann** (1763-1819). Sie wird die Stammmutter der Familie Hensmann.

Die Tochter **Ida Klaasen Kok** (1795-1868) heiratet in Bunde am 18. Februar 1814 **Diddo Siebels Diddens** (1795-1882). Sein Vater ist der Sielrichter und Kirchvogt **Geerd Jans Diddens** in Bunde, der in erster Ehe **Süentje Eskelhoff Gravemeyer** geheiratet hat und sich in zweiter Ehe mit **Zwaantje de Boer** aus Bunde vermählt.

Die Nachkommen von **(V3) Wiard Lodewyk Brons Kok** findet man später in Bunderhee, Bunderhammrich, Bunde, Borkum und Hamburg.

Der fünfte Sohn von Detert Deterts Kok, **(IV2) Gerjet Deterts Kok** (1772 -1849)[73], heiratet am 6. Juni 1799 in Mitling **Antje Heeren Kromminga** (*5. Dez. 1778 in Mitling-Mark, †6. Dez. 1857 in Weener), die Tochter von **Heere Janssen Kromminga** (1749-1829) und **Elisabeth Hinderks** (1755- 1795) aus Mitling-Mark. Sie ziehen nach Eppingawehr.

Dieser Ehe entstammen 8 Kinder.

---

[73] DGB Band 26, Seite 221 „Goeman", OSB Nüttermoor Nr. 1597, OSB Kirchborgum Nr. 656, OSB Hatzum Nr. 866, OSB Jemgum Nr.3148, OSB Midlum Nr. 863, OSB Critzum Nr. 742

1.	Talea Gerjets Kok	*16 Feb 1801 Eppingawehr, ◆18 Nov 1824 Eppingawehr (Verheiratet mit Take Wiards Hülsebus)
2.	Elisabeth Kok	*09 Okt 1803 Eppingawehr, †11 Jun 1807 Eppingawehr
3.	**(V4) Deterus Kok**	*26 Mrz 1806 Eppingawehr, †04 Sep 1882 Holte (Verheiratet mit Engel Hansen Busch)
4.	Elisabeth Gerjets Kok	*19 Okt 1808 Eppingawehr, †vor 17 Sep 1878 Midlum
5.	**(V5) Hero Gerjets Kok**	*11 Feb 1811 Eppingawehr, †17 Aug 1858 Nüttermoor (Verheiratet mit Gebke Folkerts Kromminga)
6.	Anna Gerjets Kok	*06 Sep 1813 Eppingawehr, †19 Nov 1872 Weener (Verheiratet mit Otto Goeman)
7.	**(V6) Johannes Gerjet Kok**	*14 Nov 1815 Eppingawehr, †04 Mai 1905 Nüttermoor (Verheiratet mit Sobartha Edelina Bernhardina van Scharrel)
8.	**(V7) Klaas Hermann Gerjets Kok**	*08 Nov 1818 Eppingawehr, †30 Mrz 1878 Charles City, Floyd, Iowa, (Verheiratet mit I Jantjedina Harberts Feenders, II Gesina Janssen Freseman)

Gerjet Deterts Kok stirbt am 25. Juni 1849 in Eppingawehr und wird in verschiedenen OSBs als Deichrichter zu Nüttermoor, Hausmann und Landwirt zu Midlum und Eppingawehr, sowie Kirchvogt und Deichrichter zu Eppingawehr bezeichnet.

Der älteste Sohn **(V4) Deterus Kok** heiratet am 17. Mrz. 1833 in Holte **Engel Hanssen Busch** (*9. Jan. 1809 Holte, †22. Feb. 1870 in Oltmannsfehn), Tochter von **Hans Frerichs Busch** (1775-1833) und **Trientje Follrichs** (1776-1833). Deterus wird als Hausmann und Landwirt zu Holte bezeichnet und ist der Begründer der Holter Linie Kok.

(V5) Hero Gerjets Kok, der zweitälteste Sohn, heiratet am 31. Mrz. 1839 in Critzum **Gebke Folkerts Kromminga** (*1815, †5. Juni 1850 in Nüttermoor), Tochter von **Folkerd Kromminga** (1785-1854) und **Reina Tjabben Mansholt** (1797- 1872) aus Mitling. Die Familie zieht nach Nüttermoor auf den Hof des Großvaters Detert Deterts Kok. Hero wird im OSB Nüttermoor als Landwirt und Deichrichter zu Nüttermoor bezeichnet. Da es nur weibliche Nachfahren gibt, die den Hof nicht übernehmen können, kauft Johannes Gerjet Kok als jüngerer Bruder von Hero später von den Erben den Hof.

Der dritte Sohn **(V6) Johannes Gerjet Kok** heiratet am 30. Apr. 1845 **Sobartha Edelina Bernhardina van Scharrel** (*25 Sep 1817 in Eppingawehr, †23. Dez. 1859 in Nüttermoor), Tochter von **Berend Freerks van Scharrel** (1789-1872) und **Meena Lübberts Holtkamp** (1794-1822) aus Eppingawehr.

Johannes Gerjet Kok. Foto: Archiv Gerd Kronsweide

Johannes Gerjet wird zunächst als Landwirt in Eppingawehr und in Pogum genannt. Sie pachten für einige Jahre einen Hof in Pogum. Dort werden die Kinder geboren. Erst 1859 kauft er den Hof der Familie Kok in Nüttermoor von den Vorerben und wird Landwirt in Nüttermoor. Er setzt die Familientradition der Koks als Landwirt auf dem Hof in Nüttermoor fort.

Grabsteine auf dem Friedhof Nüttermoor. Links Johannes Gerjet Kok, rechts Sobartha Edelina Bernhardina van Scharrel. Fotos: Grabsteindatenbank der Upstalsboom-Gesellschaft

Zusammen mit seiner Frau Sobartha hat er drei Kinder:

1. **(VI 1) Georg Bernhard Johann Kok** *8. Mrz. 1846 Pogum, †12. Dez. 1918 Nüttermoor
   (Verheiratet mit Ottoline Oltmanns *28. Dez. 1850, †10. Dez. 1938)
2. Sohn Kok   *9. Mrz. 1846 Pogum
   (Zwilling von Georg, stirbt bei der Geburt)
3. **(VI 2) Bernhard Johann Anton Kok** *23. Nov. 1848 in Pogum, †19. Sep. 1918 Heisfelde
   (Blieb unverheiratet)

(V7) Klaas (Charles) Hermann Gerjets Kok, der jüngste Sohn heiratet am 2. Mai 1847 in Jemgum **Jantjedina Harberts Feenders** (*25. Mrz. 1825 in Heyenhörn, †11. Aug. 1851 in Midlum), Tochter von **Harbert Harms Feenders** (1798-1839), Hausmann in Nüttermoor, Landwirt zu Heyenhörn und **Teetje Sybens (Siemens) Groeneveld** (1799-1835).
Sie haben zusammen drei Kinder.

1. Gerjet Klaas (Cook) Kok   *3. Feb. 1848 Eppingawehr, †15. Dez. 1924 Charles City
   (Verheiratet mit Reka Hinderika Bruns (1841-1936))
2. Theda Annette (Cook) Kok   *22. Feb 1849 Eppingawehr, †1938 Floyd
   (Verheiratet mit Theodor (Bagman) Begemann (1841-1906)
3. Harbert (Cook) Kok   *23. Apr. 1850 Eppingawehr, †15. März 1925 Charles City
   (Verheiratet mit Weerdina Freesemann (1848-1930))

Sie bleiben zunächst auf dem Hof in Eppingawehr. Aber Jantjedina stirbt bereits mit 26 Jahren. Drei Jahre nach ihrem Tod heiratet Klaas Herman Gerjets am 12. März 1854 in Neermoor seine zweite Frau **Gesina Janssen Fresemann** (*27. Sep. 1827 in Rohrichum, †1893 Iowa, USA), Tochter von **Jan Willems Fresemann** (1805-?), Landwirt zu Buschhaus, Rorichum und **Harmke Rösingh**). Gesina Janssen Fresemann ist die Witwe von Wiard Otten Friesemann, geb. am 17. Feb. 1820 in Nüttermoor, der am 9. Mrz. 1852 in Terborg verstarb.

Das Paar zieht nach Midlum und sie haben zusammen 7 Kinder:

1. Elisa S. (Cook) Kok — *1852 Midlum †1924 Charles City (blieb ledig)
2. Jan Willems (Cook) Kok — *18. Feb. 1855 Midlum, †18. Jun. 1925 Charles City (Verheiratet mit Rixta Kathryn Heddens (1859-1941)
3. Annette H. (Cook) Kok — *6. Okt. 1856 Midlum, †29 Aug 1933 Charles City (Verheiratet mit Abel Ulfert Vietor (1844-1890))
4. Harmanne S. (Cook) Kok — *20 Okt. 1858 Midlum, †1907 Charles City (Verheiratet mit Johann Remmer Cramer (1843-1923))
5. Talea Jantjedina (Cook) Kok — *13. Jan. 1861 Midlum, †1939 Charles City (Verheiratet mit Christoph Georg Sigismund Begemann (1845-1916)
6. Lena Nontje F. (Cook) Kok — *26. Feb. 1863 Midlum, †Aug. 1934 Charles City (Verheiratet mit August C. Sylvester (1873-1918))
7. Elise Klasine (Cook) Kok — *4. Feb. 1865 Midlum †27. Feb. 1956 Charles City (Verheiratet mit George Melville Hurst (1869-1953)

New York Passenger Lists, 1820-1957, Year: 1869; Arrival: New York, New York; Microfilm Serial: M237, 1820-1897; Microfilm Roll: Roll 309; Line: 34; List Number: 389

Im Jahre 1869 wandert die gesamte Familie von Klaas Hermann Gerjets Kok nach Nordamerika aus.

Dampf-Segelschiff „Donau" von 1868. Foto: Herkunft nicht zu ermitteln.

Von Bremen aus fahren sie laut Passagierliste mit dem Dampf-Segelschiff „Donau"[74] des NDL über Southhampton (GB) nach New York, wo sie am 26. Apr. 1869 ankommen[75]. Das 2896 BRT große Schiff ist 1868 in Greenock (GB) fertiggestellt worden und hat erst im Jan. 1869 seine Jungfernfahrt absolviert. Die Reise dauert in der Regel 14 Tage, eine für damalige Verhältnisse sehr kurze Überfahrt. Als Antrieb dient nicht nur die Besegelung, sondern auch eine dampfangetriebene Schiffsschraube.

Grabstein von Klaas H. Cook und Gesina J. Cook auf dem Riverside Friedhof, Charles City, Floyd County, Iowa, USA

Fotos: Find A Grave

---

[74] Erbaut von Caird & Co. Greenock, Schottland, mit Einzelschraubenantrieb im Eisenrumpf. Es macht 13 Knoten mit zwei Masten und einem Schornstein.
[75] New York Passenger Lists, 1820-1957, Year: 1869; Arrival: New York, New York; Microfilm Serial: M237, 1820-1897; Microfilm Roll: Roll 309; Line: 34; List Number: 389.

Begleitet werden sie von Harm Harberts Feenders, dem Bruder der ersten Frau Jantjedina und allen Mitgliedern der Familie Freesemann aus Dorenborg bei Leer. Sie reisen weiter nach Charles City im Bezirk Floyd, Iowa und siedeln dort. Dort treffen sie weitere ausgewanderte Ostfriesen, so die Familien Begemann (Bagman) und Vietor (Veator) aus dem Rheiderland und die Heddens aus Neermoor. Die Familie bewirtschaftet ca. 320 acres (ca. 130 ha) in der Sektion 31 im St. Charles Township, südlich von Charles City[76]. Die Familie nennt sich fortan in den USA „Cook" und gibt somit zwar den Namen Kok auf, ist damit aber der Ursprung vieler Nachfahren Kok mit dem Familiennamen Cook in Iowa und Umgebung. Es ist die erste bekannte Generation Kok, die aus Nüttermoor in die USA auswanderte.

Klaas Hermann Gerjets Kok (Cook) stirbt am 30. Mrz. 1878 in Charles City. Seine Frau Gesina Jannsen Kok (Cook), geb. Fresemann stirbt am 26. Jan. 1893 in Charles City.

Im Buch der Interstate Publishing Co. von 1882 über die Geschichte des Floyd County[77] wird über diese Familie Cook berichtet:

Klaus H. Cook

(Verstorben) wurde am 8. November 1818 in Hessen, Deutschland, geboren. Seine Eltern waren Gratt und Annetta (Crumga) Cook, gebürtig aus Hessen, wo sie eine Farm besaßen. Er hat sich am 31. März 1854 mit der aus Hessen stammenden Gesina Freseman verheiratet. Sie wurde am 27. September 1826 geboren. Sie haben neun Kinder – Garrett, Herbert, Theda (jetzt Frau Theodore Bagman), John W., Nettie M. (jetzt Frau Abel Veator), Minnie N. (jetzt Frau Cramer). Leah (heute Mrs. Chris. Bagman), Lena M. und Eliza K.

Im Jahr 1869 wanderte die Familie nach Amerika aus und ließ sich im Floyd County nieder. Herr Cook kaufte 320 Acres im Abschnitt 31, St. Charles Township, südlich von Charles City. Herr Cook starb am 30. März 1877 und Frau Cook wohnt jetzt mit ihren Söhnen Garrett und John sowie ihren Töchtern Lena und Eliza auf dem Gehöft. (Übersetzt aus dem Englischen: H. Kok)

Leider wird bei dieser Dokumentation als Herkunftsland Hessen angegeben, was nicht korrekt ist, da sie alle aus Ostfriesland kamen, das damals zum Königreich Hannover gehörte. Derartige fehlerhafte Angaben sind oft zu beobachten. Häufig sind auch geänderte oder falsche Schreibweisen der Namen bei den US-Einwanderern zu finden.

---

[76] Interstate Publishing Co, History of Floyd County, Iowa, 1882, Chicago.
[77] Ebd., S. 1013

Generation VI

Der älteste Sohn **(VI1) Georg Bernhard Johann Kok** (1846-1918) heiratet am 8. Nov. 1872 in Nüttermoor **Ottoline Oltmanns,** geboren am 28. Dez. 1850 in Nüttermoorersiel, die Tochter von Jan Warntjes Oltmanns (1816-1875) und Anna Catharina Boekhoff (1823-1882). Georg Bernhard Johann Kok verstirbt am 12. Dez. 1918 in Nüttermoor. Die Familie von Georg und Ottoline wohnt zunächst von 1872 bis 1874 in Hohegaste, dann pachten Sie für sechs Jahre den Metzenherd bei Pewsum und bewirtschaften ab ca. 1880 den Hof der Familie Oltmanns in Hohegaste.

Ottoline und Georg Bernhard Johann Kok. Foto: Archiv Gerd Kronsweide

Sie haben 5 Kinder:

1. **(VII1) Johannes Gerjets Kok**   *20. Jan. 1873 Hohegaste, †26. Mrz. 1930 Jemgum (Verheiratet I mit Amalie Boekhoff und II mit Alma Gebkea Boekhoff). Er ist Landarzt in Jemgum.

2. **(VII2) Jan (John) Oltmanns Kok**   *12. Mai 1875 Pewsum, †1953 Crooked Creek, Jasper, Illinois (Verheiratet mit Ermine Lee Legris (1877– 1942), wandert 1891 aus nach Ilinois zusammen mit seinen Onkeln Antoni und Gebhard Oltmanns)

3. **(VII3) Otto Georg Bernhardus Kok** *25. Mai 1882 Hohegaste †20. Mrz. 1940 Soltborg (Verheiratet mit Greta Johanna de Beer (1884-1950). Er ist Landwirt und Viehhändler in Soltborg und Jemgum.)

4. Sobartha Kok   *25. Mai 1882 Hohegaste, †28. Mrz. 1938 Nüttermoor (Bleibt ledig und erbt 1920 den Hof vom Onkel Bernhard Kok in Nüttermoor, der 1945 an Jakobus Kok, Sohn von Otto Georg Kok, weitervererbt wird).

5. Georg Bernhard Johannes Kok   *25. Nov. 1887 Hohegaste †16. Nov. 1917 Frankreich (Fällt als Soldat in Frankreich)

Bernhard Johann Anton Kok, geboren am 23. Nov. 1848 in Pogum, hat einen Anteil am Hof in Nüttermoor geerbt und kauft den Rest am 31. Januar 1891 von den Miterben. Er verstirbt alleinstehend am 19. Sep. 1918 in Heisfelde. Sein Grabstein steht in Nüttermoor auf dem Friedhof. Der Hof in Nüttermoor wird an Sobartha Kok vererbt, die anderen Geschwister werden ausbezahlt.

Grabstein des Bernhard Johann Anton Kok auf dem Friedhof in Nüttermoor

Generation VII

Der älteste Sohn, **(VII 1) Johannes Gerjets Kok,** ist der erste des Nüttermoorer Zweiges der Familie Kok, der Abitur macht und studiert. Er studiert in Göttingen und Kiel Medizin und wird Arzt in Jemgum.

Ich habe mich hier als

praktischer Arzt

niedergelassen

Dr. med. Kok.

Jemgum, den 5. Februar 1900.

Johannes Gerjets Kok heiratet am 1. Februar 1900 Amalie Boekhoff in Esklum. Sie ist die Tochter des Kaufmanns, Ziegelfabrikanten und Landwirtes zu Klostermuhde, Arend Ottjes Boekhoff (1826-1902) und seiner Frau Aaltje Huisinga (1838-1906).

Amalie und Johannes um 1900 Foto: Archiv Gerd Kronsweide

Johannes Gerjets Kok und **Amalie Boekhoff** haben folgende Kinder:

1. **Ottoline Johanne Sobarta Kok**   *11. Jun. 1900 in Jemgum †22. Aug. 1987 in Meckenheim
(Verheiratet mit Johann Gerhard Julius Kronsweide (1895-1957))

2. **Amalie Arnolde Kok**   *15. Apr. 1902 in Leer †30. Sep. 1949 in Pewsum
(Verheiratet mit Wilhelm Kurt Lubina (1909-1999))

3. **Gerda Bernhardine Kok**   *07. Jul. 1903 in Jemgum, †1. Jan. 1991 in Veendamm
(Verheiratet mit Jan Jacobs Leutscher (1900-1952))

4. **Frieda Annette Kok**   *14. Mai 1905 in Jemgum, †7. Sep. 1994 in Leer
(Verheiratet mit Fokke Pruin (1903-2000))

5. **Georg Burkhard Johannes Kok**   *30. Jul. 1906 in Jemgum, †11. Dez. 1906 in Jemgum

6. **Tochter Kok**   *06. Jan. 1908 in Jemgum, †6. Jan. 1908 in Jemgum

7. **Johannes Otto Georg Kok**   *19. Jan. 1912 in Jemgum, †31. Mai 1989 in Eisinghausen
(Verheiratet I mit Hermanne Ewolde Gesine de Boer (1914-1945)
II mit Alma Daniele Gruis (1915-1997))

Amalie verstirbt früh am 31. Mrz. 1919 in Jemgum. Johannes Gerjets Kok heiratet in zweiter Ehe am 2. Mrz. 1921 in Leer Alma Gebkea Boekhoff auf dem Ostermeedlandshof bei Leer. Alma ist die Tochter vom Landwirt zu Klostermuhde und Driver Otto Boekhoff (1858-1944) und seiner Frau Theodore Harmine Feenders (1862-1937).

Alma und Johannes um 1920-1925

Johannes Gerjets Kok und **Alma Gebkea Boekhoff** haben folgende Kinder:

1. **Otto Boekhoff Kok**   *12. Jul. 1922 in Jemgum, †13. Mrz. 1944 in Volokovoye, Russland
(Gefallen als Soldat)

2. **Theodore Alma Johanne Kok**   *29. Mrz. 1924 in Jemgum, †15. Jun. 2010 in Leer
(Verheiratet mit Egon Peters (1923-1993))

3. **Georg Sobrich Kok**   *14. Sep. 1925 in Jemgum, †15. Mrz. 1995 in Linne bei Bad Essen
(Verheiratet mit Hanna Marie Wilhelmine Söte (1926-2014))

Johannes Gerjets Kok verstirbt am 16. Mrz. 1930 in Jemgum an den Folgen einer Verletzung beim Anwerfen seines Opel 4/8 PS Doktorwagens. Alma Gebkea lebt zuletzt bei ihrer Tochter Theodore in Leer und verstirbt am 22. Mai 1968.

Der zweitälteste Sohn, **(VII 2) Jan (John) Oltmanns Kok,** wandert 1891 mit 15 Jahren nach Watseka in Illinois aus. Er begleitet seinen Onkel Gephard Oltmanns als Pferdebetreuer und bleibt in den USA. Er heiratet am 14. Jan. 1900 in Kankakee, Illinois Ermine Lee Legris, geb. am 6. Aug. 1877 in Bourbonnais, Kankakee, illinois. Sie ist die Tochter von Charles Adolphus Legris (1840-1899) und Julia Paro (1843-1904).

Jan (John) Oltmanns Kok und **Ermine (Minnie) Lee Legris** haben eine Tochter.

| Ottoline Anna Kok | *5. Dez. 1901 in Watseka, Illinois, †2. Mai 1991 in Kankakee, Ill (verheiratet mit Lester Theodore Aten (1895-1960) |

Jan verstirbt im Jahr 1953 und Ermine am 13. Jan. 1942 in Crooked Creek, Jasper, Illinois.

Der dritte Sohn, **(VII3) Otto Georg Bernhardus Kok,** ist Landwirt und Viehhändler in Soltborg und Jemgum. Er heiratet am 29. April 1907 Greta Johanna de Beer, die Tochter des Züchters Jakobus de Beer (18148-1926) aus Loquard und seiner Frau Janneke Broer Ohling (1849-1933).

Otto Georg Bernhardus Kok und Greta Johanna hatten folgende Kinder:

1. **Jenny Talea Kok** — *31. Dez. 1908 in Jemgum, †27. Mai 1973 in Holtgaste (verheiratet mit Georg Edzart van Lessen, (1904-1969)

2. **Ottoline Kok** — *21. Sep. 1910 in Jemgum, †27. Aug. 1973 in Ditzum (Verheiratet mit Helmer Wilko Foget (1897-1944)

3. **Jakobus de Beer Kok** — *6. Jan. 1915 in Jemgum, †18. Aug. 1999 in Nüttermoor (verheiratet mit Olga Behrens (1910-2005)

4. **Georga Kok** — *1918 in Jemgum (Verheiratet mit Sebens)

Jakobus de Beer Kok erbt 1945 den Hof Kok in Nüttermoor von seiner Tante Sobartha Kok. Er bewirtschaftet ihn bis zum Rentenalter und bleibt dort wohnen, das Land wird verpachtet. Nach seinem Ableben im Jahr 1999 bleit seine Witwe Olga dort wohnen, bis sie 2005 verstirbt. Der alte Hof wird 2009 abgerissen und auf dem Grundstück werden mehrere Einfamilienhäuser gebaut.

Das wesentlich ältere Vorderteil des Hofes Kok, kurz vor dem Abriss. Foto: H. Kok 2008

Der Hof Kok in Nüttermoor, kurz vor dem Abriss. Foto: H. Kok 2008

SCHLUSSBEMERKUNGEN

Obwohl die Familien Kok und Thedinga mittlerweile nicht mehr im Dorf Nüttermoor wohnen, sind die Spuren der beiden Familien in Nüttermoor immer noch zu finden. Frieda Thedinga (1917-2017) war die letzte der Familie Thedinga, die noch in der Gemeinde gelebt hat. Mein Neffe Ewald Kok betreibt als letzter der Familie Kok noch Landwirtschaft auf einem Hof im Heisfelder Hammrich, immerhin in der Nähe des Dorfes Nüttermoor. Allein auf dem Friedhof lassen sich 12 Grabstellen identifizieren, die der Familie Kok zugeordnet werden können und 15 zur Familie Thedinga. Von den einstigen Hofstellen der beiden Familien sind nur noch wenige erhalten. Nur auf dem ehemaligen Klostergelände zeugen noch drei alte Gebäude aus dem 18ten Jahrhundert vom einstigen Besitz der Familie Thedinga. Heute leben die meisten Thedingas in den Landkreisen Aurich und Wittmund. Der Rest verteilt sich auf weitere 12

Landkreise im Bundesgebiet. Weltweit gibt es die meisten Thedingas in den USA. Auch in den Niederlanden taucht der Name häufig auf. Die Thedingas dort sind Nachkommen eines Berend Alberts (1761-1819) aus Noordbroek, der sich als erster „Thedinga" nannte. Seine Vorfahren entstammen einer Familie „Thedingh" aus Onstwedde, die seit 1557 erfasst ist.

Die meisten Koks leben am häufigsten im Landkreis Leer, allerdings stammen nicht alle aus der Familie, die sich einst in Nüttermoor gründete. Die Nachfahren verteilen sich weit über Norddeutschland. Darüber hinaus gibt es viele weitere Koks in Nordrhein-Westphalen und den Niederlanden, die aber meistens nicht verwandt sind. Die ausgewanderten Koks aus Nüttermoor nannten sich in den USA teils Cook. Die meisten der über 1800 Namensträger Kok in den USA stammen eher aus den Niederlanden.

Auch wenn heute kaum noch etwas vom Kloster Thedinga zu sehen ist, so ist die Zeit nach der Säkularisierung des Klosters in Nüttermoor mit den Familien Thedinga und Kok noch immer an einigen Stellen in Form steinerner Zeugnisse zu sehen. Heute befindet sich das ehemalige Klostergut mit den zugehörigen Ländereien im Besitz der Familie von Inn- und Knyphausen. Zur Zeit des Dodo Alexander von Inn- und Knyphausen (1835-1911), Sohn von Ernst Friedrich <u>Moritz</u> von Inn- und Knyphausen (1795-1852), entstand das Fideikommiss Leer-Thedinga. Dessen Sohn Dodo zu Innhausen und Knyphausen (1835–1911) nannte sich „Fideikommissherr auf Leer-Thedinga". Der Sohn Edzard Carl Siegfried Wilhelm Dodo von Inn- und Knyphausen (1873-1967) wurde als „Herr auf Geiglitz in Pommern und Kloster Thedinga" bezeichnet. 1912 wurde die Größe des „Rittergutes Kloster Thedinga" mit 364 ha angegeben. Erst 1928 wurde das Fideikommiss wieder aufgelöst, so dass der Besitz auf die beiden Söhne Dodo Karl Elard Heinrich Ernst Albrecht Edzard von Inn- und Knyphausen (1915-2011) und Tido Carl Edzard Curd von Inn- und Knyphausen (1924-2014) aufgeteilt werden konnte.

Auf einigen Flächen, die früher zum Kloster gehörten, befinden sich heute u. a. der Flugplatz Leer-Papenburg, wo schon Otto Waalkes das Fliegen lernte. Dort gibt es die Firma Novas Nordwest Airservice GmbH und andere Firmen. Der Hegering Moormerland-Süd betreibt in der Nähe einen Schießstand und im alten Haus mit den beiden Grabplatten befindet sich die Firma „Prima Ballons" als Pächter. Im gegenüberliegenden Anbau des Gutshofes wohnt heute der Pianist Carl Anton zu Knyphausen. In seinem alten umgestalteten Gulfhof von 1764 veranstaltet er im Sommer seit vielen Jahren Konzerte im Rahmen des „Musikalischen Sommers in Ostfriesland". Die Grabsteine der Familie liegen auf dem Friedhof Nüttermoor. Wünschenswert wäre es, wenn bei den Gebäuden auf dem ehemaligen Klostergelände und an anderen Stellen informative Hinweistafeln aufgestellt würden, die mehr aussagen als z. B. der riesige Findling mit der Aufschrift „Kloster Thedinga". Die Nachbargemeinde Moormerland will auf Initiative von Jann de Buhr an einigen markanten Stellen, die das Kloster betreffen, Infotafeln mit einem QR-Code zu deren geschichtlicher Bedeutung aufstellen. Das wäre eine gute Möglichkeit auch für das Kloster Thedinga und andere Orte in Nüttermoor. Als gutes Beispiel für die Beschilderung alter historischer Orte und alter Steinplatten möchte ich noch die Sielacht Moormerland aufführen. Sie hat die alten Sielsteine, soweit sie noch vorhanden waren, wieder einbauen lassen oder ausgestellt und weist aktuell mit informativen Hinweistafeln auf die Geschichte ihrer Bauwerke hin, so auch am Nüttermoorer Siel.

QUELLEN- UND LITERATURVERZEICHNIS

Archivquellen

Niedersächsisches Landesarchiv Aurich (NLA)

Das in Erbpacht an Harmen Dircks ausgegebene Kloster Thedinga, Rep. 4, B 4 h, Nr. 238

Erbpachtbrief für Harmen Dirks über Kloster Thedinga und die zugehörigen Ländereien, Rep. 4, B 2 n, Nr. 371

Grabinschriften zu Nüttermoor mit Wappen und Ahnenreihe Detert Deters bis Klaas Deters Kok in:

Diverse genealogische Aufzeichnungen u.a. über die Sippen Kok, Knottnerus, Adden und Vienna; Dep. 68 Nr. 29 (Diverse genealogische Aufzeichnungen)

Upstalsboom-Gesellschaft Aurich — Pannenborg, Edo, Diverse Aufzeichnungen über die Familien Kok und Thedinga

Unser Ostfriesland — Beilage zur Ostfriesenzeitung, Beiträge in verschiedenen Jahrgängen (Unser Ostfriesland)

Onlinequellen

Ancestry — https://www.ancestry.com/
In der Datensammlung befinden sich u. a. Geburts-, Sterbe- und Heiratsurkunden, Passagier-, Ein- und Auswanderungslisten, Kirchenbücher, Verlustlisten, Militärregister, historische Telefon- und Adressbücher und die Unterlagen der Ostfriesischen Landschaftlichen Brandkasse (Brandversicherungskataster, 1768-1937)

Dubuque County Biographies 1880 — The History of Dubuque County, Iowa, Published 1880 by Western Historical Company, Chicago, Courtesy of Doreen Weston and Tom Schlarman

Encyclopedia Dubuque — http://www.encyclopediadubuque.org

Freese, Johann Conrad, — Ostfries- und Harlingerland nach geographischen, topographischen, physischen, ökonomischen, statistischen, politischen und geschichtlichen Verhältnissen, Aurich 1796, Band 1 (Ostfries- und Harlingerland)

Interstate Publishing Co. — History of Floyd County, Iowa, Chicago, 1882

Königshaus Hannover — Acten-Stücke der fünften allgemeinen Stände-Versammlung des Königreichs Hannover, enthaltend die Königlichen Propositionen und Ministerial-Schreiben, so wie die ständischen Anträge und Antworten, Erste Diät, Hannover, in Commission der Hahnschen Hofbuchhandlung 1834, digitalisiert gefunden bei https://books.google.de/books/

Ostfriesische Landschaft — Flurnamensammlung online
https://flurnamen-ostfriesland.de/flurnamenkarte
Historische Ortsdatenbank für Ostfriesland: Nüttermoor
(HOO-Nuettermoor)

Suur, Hemmo — Geschichte der ehemaligen Klöster in der Provinz Ostfriesland, Emden, 1838, digitalisiert gefunden bei https://books.google.de/books/

Wikipedia	http://de.wikipedia.org/wiki/ Geschichte Ostfrieslands (Wiki Ostfriesland) http://de.wikipedia.org/wiki/Geschichte_der_Stadt_Leer #Wirtschaftlicher_Aufschwung (Wiki Leer)

Literatur

Ahrends, Friedrich,	Erdbeschreibung des Fürstenthums Ostfriesland und des Harlingerlandes, Emden, 1824 (Erdbeschreibung)
Alvesleben, Udo von	Die Lütetsburger Chronik, Göttingen, Wallstein-Verlag, 1988
Anneessen, Helmut	Die Familien der ev. - ref. Kirchengemeinde Critzum (1724 -1900), Upstalsboom-Gesellschaft, Aurich, 2006 (OSB Critzum)
Anneessen, Helmut	Die Familien der ev.-ref. Kirchengemeinde Hatzum (1702 - 1900), Upstalsboom-Gesellschaft, Aurich, 2007 (OSB Hatzum)
Anneessen, Helmut	Die Familien der ev.-ref. Kirchengemeinde Jemgum (1674 - 1900), Upstalsboom-Gesellschaft, Aurich, 2005 (OSB Jemgum)
Anneessen, Helmut	Die Familien der ev.-ref. Kirchengemeinde Midlum (1704-1900), Upstalsboom-Gesellschaft, Aurich, 2011 (OSB Midlum)
Boßhard, Heinrich (Hg.)	Zweite Reise: Schilderungen aus Amerika, eine Monatsschrift, Band 2, Zürich 1860
Brahms, Alfred	Die Familien der Kirchengemeinde Veenhusen (1669-1900), Upstalsboom-Gesellschaft, Aurich, 2002 (OFB Veenhusen)
Harms, Thorsten	Die Familien der evangelisch-reformierten Kirchengemeinde Neermoor (1669-1900), Eigenverlag, Emden, 2007 (OFB Neermoor)
Hensmann, Dietrich	Die Ostfriesische Familie Kok aus Nüttermoor, Ein familienkundlicher Beitrag, Veröffentlicht u. a. in: Der Deichwart, Heimatbeilage „Rheiderland" Nummer 13, Weener, 30.3.1968 (Die Ostfriesische Familie Kok)
Hesse, Arnold	Die Familien der evangelisch-lutherischen Kirchengemeinde Leer (1674-1900), Upstalsboom-Gesellschaft, Aurich, 2003 (OSB Leer, lutherisch)
Hinrichs, Wiard	Kopfschatzung 1757, Die steuerpflichtige Bevölkerung Ostfrieslands im Siebenjährigen Krieg, Upstalsboom-Gesellschaft, Aurich, 2009 (Kopfschatzung 1757)
Janshen, Enno	Die Familien der Kirchengemeinde Driever (1767-1900), Aurich, 1995 (OSB Driever)
Janshen, Enno	Die Familien der Kirchengemeinde Esklum (1682-1900), Aurich, 1995 (OSB Esklum)
Kobus, Johann u. Maria	Die Mühlen in Loga, Leer, 2019

Koerner, Bernhard (Hg.)	Deutsches Geschlechterbuch: Genealogisches Handbuch bürgerlicher Familien, Bd. 26, Ostfriesland, Görlitz, 1913 (DGB Band 26)
Lange, Wilhelm	Die Familien des Dorfes Kirchborgum (1724 - 1900), Upstalsboom-Gesellschaft, Aurich, 1985 (OSB Kirchborgum)
Lange, Wilhelm	Die Familien der Kirchengemeinde Nüttermoor (1663 - 1900), Ostfriesische Landschaft, Aurich, 1991 (OSB Nüttermoor)
Schöneboom, A.	Flurbezeichnung war die Wurzel für den Kloster- und Familiennamen Thedinga, in Unser Ostfriesland, Beilage der Ostfriesenzeitung, Nr. 21 vom 3.11.1967 (Flurbezeichnung war die Wurzel)
Schreiber, Gretje, u. a.	Ostfriesische Beamtenschaft, die Amtsträger der landesherrlichen, landständischen und städtischen Verwaltungen der Grafschaft bzw. des Fürstentums Ostfriesland von 1464 bis 1744. Tabula Frisiae Orientalis. (n.p.): Aurich, 2007 (Schreiber, Ostfriesische Beamtenschaft)
Schulte, Erhard	Die Familien der Kirchengemeinde Loga (1728 – 1900), Upstalsboom-Gesellschaft, Aurich, 1975, (OSB Loga)
Schulte, Erhard	Die Familien der Kirchengemeinde Nortmoor (1671 – 1900), Upstalsboom-Gesellschaft, Aurich, 1986 (OSB Nortmoor)
Schulte, Erhard	Kopfschatzung 1719, Nachdruck der Ostfriesischen Steuerlisten von 1719, Upstalsboom-Gesellschaft (HRSG), Gebundene Ausgabe Dezember 1999, (Kopfschatzung 1719)
Sternsdorff, Jürgen	Die Familien in Pogum (1717-1874), Unveröffentlichtes Typoskript, 1994, eingesehen in der Landschaftsbibliothek Aurich
Voß, Klaus-Dieter	Die Familien der Kirchengemeinde Nendorp (1698 - 1911), Aurich, 2011 (OSB Nendorp)
Voß, Klaas-Dieter	Die Familien der Kirchengemeinde Oldendorp (1712 - 1911), Aurich, 2011 (OSB Oldendorp)